기술변화와 소비시장의 융합

ㅣ 자동차와 코스메틱 ㅣ

기술변화와 소비시장의 융합
| 자동차와 코스메틱 |

1판 1쇄 찍은날 2024년 2월 15일
펴낸날 2024년 2월 20일

지은이 김시월 · 김영석 · 노영래 · 홍원기
펴낸이 전영재
편집 임경희
펴낸곳 건국대학교출판부
등록 / 제 4-3 호(1971. 6. 21)
주소 / 05029, 서울특별시 광진구 능동로 120
전화 / 편집팀_(02) 450-3891~2 영업팀_(02) 450-3893
팩스 / (02)457-7202
홈페이지 / http://press.konkuk.ac.kr
e-mail / press@konkuk.ac.kr

찍은곳 네오프린텍(주)

정가 13,000원

ISBN 978-89-7107-779-5 03330

*** 본 책자는 교육부의 「대학혁신지원사업」 사업비로 제작되었습니다.**

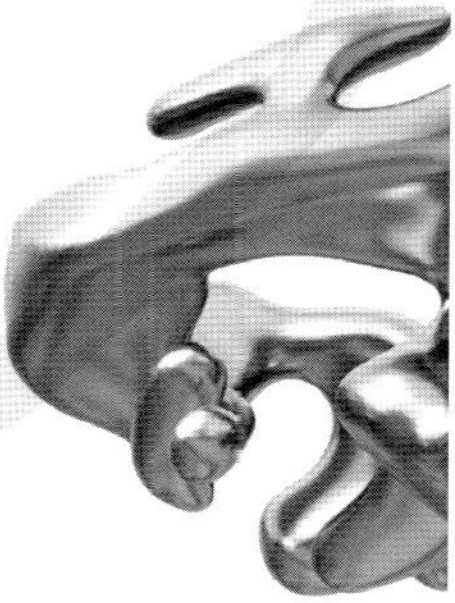

기술변화와 소비시장의 융합

자동차와 코스메틱

김시월 · 김영석 · 노영래 · 홍원기 공저

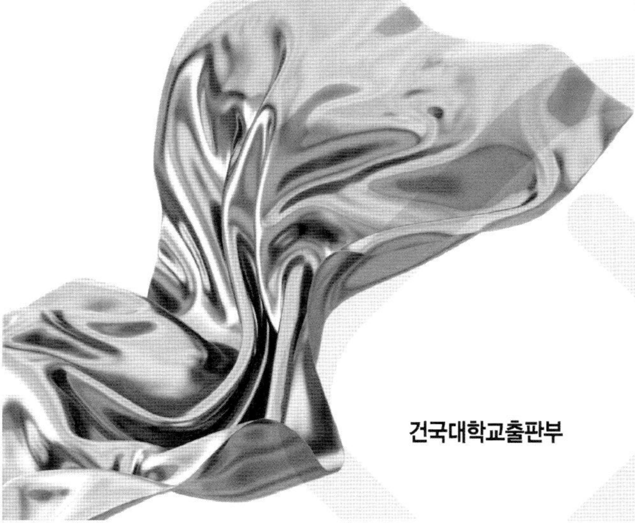

건국대학교출판부

머리말

기술변화와 소비시장은 융합이 이루어져야 합니다.

근간 소비트렌드 관련 시장의 변화를 보면, 그야말로 다변화되고 있습니다. 그중에서도 새로운 세대의 출현(MZ세대, 디지털 네이티브 세대, 알파세대), 새로운 상품과 서비스 개발 필요, 수요를 창출하는 전략(뉴디맨드 전략) 필요, 그리고 소비자의 상황과 맥락을 읽어 최적의 소비생활을 영위할 수 있게 해줄 수 있는 기술(선제적 대응기술;proactive Technology: 정보 제공, 맞춤 조성, 예측 수행) 등을 들 수 있습니다. 아울러 공간의 실제적·잠재적 힘으로 가상공간을 의미하는 온라인(on-line)과 현실 공간을 의미하는 오프라인(off-line)의 두 영역을 모두 아우르는 공간개념(공간력) 향상 등도 들 수 있습니다.

이뿐만 아니라, 4차 산업혁명의 본격적인 활성화 시기이면서, 초고령화 사회가 도래(2025년)하고 있어 테크놀로지와 비즈니스의 결합을 통한 맞춤 소비자 시대를 준비해야 합니다. 이에 New Consumer Agenda가 필요한데, EU 집행위원회는 2020년 말에 2021년부터 2025년까지 추진할 소비자정책을 5개 핵심요소로 제시하고 있습니다. 이러한 5개 핵심요소는 녹색전환(green transition), 디지털전환(digital transformation), 소비자분쟁해결 강화(redress and enforcement of consumer rights), 취약소비자 계층 보호(specific needs of certain consumer groups), 그리고 국제협력(international cooperation)을 들 수 있습니다.

그야말로 다변화 시대라고 볼 수 있습니다.

그렇다면, 대한민국의 미래 핵심 성장의 동력은 과연 무엇일까요? 우선, 스마트자동차(완전자율주행)를 들 수 있고, 아울러 이와 관련된 융합적 산업은 무엇일까요? 예를 들어, 글로벌 선도 국가로 도약한 코스메틱 산업은 K-Culture를 중심으로 세계에서 우위를 점하고 있다고 볼 수 있습니다. 이에 신소비자의 신소재를 중심으로 새로운 소비자에게 어떻게 다가갈 것인가를 심오하고 창의적으로 주요 현황 및 트렌드 연구, 그리고 융합을 실현해 볼 필요가 있습니다.

따라서 이 책에서는 다음의 내용을 주로 다루고자 합니다.

첫째, 대한민국의 미래 핵심 성장동력인 스마트자동차와 글로벌 선도 국가로 도약한 코스메틱 산업은 현재 대학생들의 주요 관심사이며 취업 분야의 수요 증가 산업군 중 하나임을 강조하고 싶습니다.

둘째, 이 두 산업 분야는 전공자만이 아니라, 보편적 변화에 대한 수요가 있어 구체적이고 자세한 현황 및 트렌드를 배울 수 있는 기회를 제공하고자 합니다.

셋째, 이에 소비시장의 주요 대상자인 소비자 분석, 그리고 스마트자동차에 대한 관심이 많은 소비자와 K뷰티산업의 세계화와 관련된 K뷰티산업 분야의 융합을 통하여, 두 산업 간의 주요 현황과 트렌드, 키워드에 대해 이론, 실습, 공유 등을 역동적 · 융합적으로 학습하는 것이 요구되므로 이에 응하고자 합니다.

따라서 본 교재를 활용하여 다양한 가치와 학문 영역 간의 융합과 접목을 통해 예를 들면, 스마트 자동차와 코스메틱 산업 관련 주요 이슈와 융합 전략, 한 걸음 더 나아가 다양한 산업 간의 융합적인 안목을 키울 수 있을 것으로 사료됩니다.

넷째, 근간 정부 정책의 궁극적인 목표는 자율적인 규제 관리이므로, 4차 산업혁명에 있어서 정부, 기업, 관련 기관 및 소비자의 역할이 매우 중요한데, 정부와 민간의 역할 분담을 통해 4차 산업혁명에 대한

효과적인 대처가 가능할 것입니다. 또한 우리나라의 성장산업, 쇠퇴산업 등 산업구조 변화에 선제적으로 대처할 수 있는 방안을 모색할 수 있으며, 핵심전략 분야의 성장을 민관이 융합하여 보다 구체적인 전략을 확보할 수 있을 것입니다.

다섯째, 비단 스마트자동차와 코스메틱만이 아니라, 다양한 산업 간, 제품 간, 생산자와 소비자 간, 소비자 간 등의 융합 사례를 만들고, 펼쳐서 실제 생산에 적용될 수 있는 창의적이고 역할상적인 제안을 도출하고자 합니다.

소비시장에서 중요한 요소는 테크놀로지(technology)의 변화, 비즈니스(businerss)의 변화, 그리고 소비자의 휴먼 밸류(human value)일 것입니다. 아무리 좋은 기술의 응용과 비즈니스가 있어도 소비자의 욕구가 없다면 소비시장은 도태됩니다. 따라서 기술변화와 소비시장의 융합을 다양한 시각에서 다루고자 하며, 기술과 소비시장의 융합을 근거로 하여, 창의적인 결과물을 창출하는 응용력 향상을 도모하고자 합니다. 예를 들면, 기술과 소비시장 응용의 근거를 대한민국의 미래 핵심 성장 동력인 스마트 자동차(완전자율주행)와 글로벌 선도 국가로 도약한 코스메틱 산업의 주요 현황 및 트렌드를 바탕으로 핵심 키워드를 도출하는 방법을 숙지하고 응용합니다. 특히 이러한 키워드를 바탕으로 두 산업의 창의적 융합을 위한 프로젝트를 실행, 토론을 통하여 창의적인 전략을 제시하고 수요자 중심의 실현성을 도모하는 데에 직접적인 기여를 할 것으로 보입니다.

1부의 1, 3장은 노영래, 1부의 2장은 김시월, 2부의 1, 2장은 김영석, 2부의 3, 4장은 홍원기, 그리고 나머지 1부의 4장과 3부의 1, 2장은 김시월의 초안으로 함께 작성하였습니다.

2024년 1월

저자 일동

차례

2부 기술과 소비시장의 융합: 자동차와 코스메틱

1부

미래소비시장과 성장산업

들어가기

소비의 역사는 그리 오래되지 않았다.

특히 오늘날과 같은 사회적 · 경제적, 그리고 심리적 상황이 함께 공존하는 고도의 소비사회가 형성된 지는 그리 오래되지 않았다.

소비시장이란 무엇이고, 가장 중요한 요소는 무엇인가?

혹자는 여러 가지를 논하지만, 이 책에서는 기술의 변화, 비즈니스의 변화, 그리고 소비자의 사회심리적 변화와 더불어 소비가치의 근간이 되는 휴먼밸류의 중요성을 얘기하고자 한다.

왜냐하면, 기술의 변화가 시장의 변화를 급변하게 하고, 비즈니스의 변화가 소비시장을 뒤흔들고 있기 때문이다. 그리고 그 중에서 가장 중요한 것은 소비자인 인간을 위한 소비자인 인간에 의한 소비시장을 형성하는 것이 아닌가 한다.

이에 1부에서는 소비시장의 변화와 중요성으로, 소비시장의 개념과 변화, 소비시장의 중요성(소비자, 생산자, 정부의 역할 중 소비자의 중요성)을 다루고자 한다.

또한 소비시장의 분석과 현황 및 미래, 소비시장 분석의 중요성, 소비시장 분석의 방법론, 소비시장 분석을 통한 현황과 미래에 대해 살펴보고, 소비시장과 트렌드, 소비시장 변화의 예측, 소비시장 변화와 융합적 사고, 소비시장의 변화와 다양한 융합, 그리고 소비시장의 변화 요소: 테크놀로지, 비즈니스, 휴먼 밸류, 기술과 윤리, 기술과 상생 등을 다루어 보려고 한다.

아울러, 미래지향적인 성장산업의 현황 및 전망으로 성장산업의 근거, 성장산업의 현황과 전망, 성장산업 간의 융합 등을 살펴보고자 한다.

1장

소비시장의 변화와 중요성

도입

요즘 소비자들은 자기 보상을 위해 프리미엄 디저트나, 명품소품을 구입하는 작은 사치를 하기도 하고, 일상생활에서 소소한 행복을 찾기 위한 소확행, 스트레스를 해소하기 위해 지출하는 홧김비용, 시간이나 재화를 낭비하는 데서 느끼는 쾌락적 재미인 탕진잼 등 소비생활에서 새로운 모습을 보이고 있다. 이러한 모습은 신조어로 등장하여 한동안 유행을 하기도 하였다. 코로나19 이후에는 안전한 곳에서 휴가를 즐기고 재택근무를 집이 아닌 호텔에서 하기 위해 호캉스가 큰 인기를 끌었고, 보복소비로 인해 명품매장의 오픈런도 빈번하게 발생하는 모습을 볼 수 있었다. 또한 최근에는 중장년층이 중심이 되는 팬덤문화, 가치소비나 개인의 취향을 중시하는 소비를 하는 모습, 환경을 고려하는 소비, 기부나 나눔을 실천하는 소비자들의 모습을 소비시장에서 종종 확인할 수 있다.

소비시장에서 이러한 소비자들의 변화는 여러 가지 원인이 있지만, 개인적인 삶을 중요시하는 가치관의 변화와 개인의 취향을 고려한 라이프스타일의 변화가 가장 큰 원인이라고 할 수 있다. 또한 이러한 변화는 그동안 우리나라의 달라진 인구구조, 과거와는 다른 모습의 결혼과 출산으로 인한 새로운 가족의 출현, 의료기술의 발달로 인한 평균수명의 연장, 다양한 취미와 덕질로 무장한 여가생활의 변화와도 관련이 있을 것이다. 물론 새로운 기술의 개발로 인한 제품 및 서비스의 발전도 소비시장에서 소비자들의 새로운 변화를 이끌어냈을 것이다.

이처럼 소비자들의 새로운 소비생활은 소비 중심적인 시장의 활성화와 발전을 더욱 가속화 하였다. 소비자들은 소비를 통해 경제적인 만족은 물론 심리적인 만족을 더 중요하게 인식하고 있으며, 심리적 만족을 위해서라면 아낌없이 지출과 투자를 하고 있다. 또한 소비시장에서의 소비자들의 만족은 개인 소비자 입장에서는 삶의 질을 높일 수 있으며, 나아가 사회의 입장에서는 전체 소비자들의 복지 수준을 향상시킬 수도 있다.

따라서 소비시장에서는 변화한 소비자들의 선택과 행동을 주목해야 하는 것이 매우 중요하다. 기업이나 판매자는 소비자들의 선택을 받기 위하여 다양한 방법으로 그들의 데이터를 수집하여 분석하고 활용해야만 한다. 이를 통해 미래의 트렌드를 예측해야 하고, 기존의 상품과 서비스 개선 및 신상품 개발을 위한 움직임을 활발하게 해야만 할 것이며, 소비자들의 마음을 움직일 수 있는 전략이 필요할 것이다.

| 1 | 소비시장의 개념과 변화

현대사회에서 인터넷의 발전과 스마트폰의 빠른 보급은 그동안 소비시장에서 다양한 정보를 생산하고 소비트렌드를 변화시켰으며, 소비시장에서 생성된 데이터들은 누구나 공유하고 소비할 수 있는 공유 및 활용의 생태계가 소비시장에서 자리를 잡았다. 또한 기술의 발달로 소비자들의 라이프스타일은 끊임없이 변화하고 있으며, 소비시장도 지속적으로 변화되고 있다. 그동안 다양한 과정을 거쳐 성장한 소비시장의 개념과 변화내용을 살펴보자.

1) 소비시장의 개념

모든 인간은 태어나면서부터 죽는 순간까지 소비를 하게 된다. 이러한 소비는 생활하는 동안 연속적으로 지속되는 과정이며, 각자 어떻게 소비하는가에 따라 소비자들마다 다양한 소비의 유형이 나타나고 그에 따라 소비자의 유형도 달라질 수 있다.

일반적으로 소비는 소비생활을 위해 재화와 용역을 구입하고 이용하는 것으로 정의되고 있다. 그러나 소비의 개념은 단순히 재화와 용역의 이용만이 아니라 그 이용결과까지 관심을 갖는 생활의 연속적인 과정으로 이해하여야 한다. 따라서 소비과정은 계획, 배분, 구매, 사용, 처분의 과정을 모두 포함한다.

일찍이 장 보들리아르(1992)는 상품의 소비를 사용가치의 소비보다는 행복, 안락감, 사회적 권위, 근대성 등의 소비로 규정한 새로운 소비 개념을 통해 현대사회를 분석하였다. 보들리아르에 의하면 현대사회 이전에는 축제를 개최하는 것 등을 '소비'라고 부르지 않았으나, 현대 소비사회에서는 식료품을 위한 일상적인 지출이나 위신과 품위를 나타내기 위한 지출 등 모두를 '소비'라고 부르게 되었다.

현대사회는 소비사회이다. 소비사회에서 시장은 상품의 가격을 형성하고, 상품 및 서비스의 거래가 발생하며 자원을 배분하기도 하며 판매자와 소비자 사이에서 수요와 공급을 발생시키기도 한다. 따라서 소비시장이란 어떤 상품을 사고팔고자 하여 서로 접촉하는 개인들과 기업들의 모임으로서 판매자와 필요한 제품을 사려는 소비자 사이에 수요와 공급이 계속적으로 일어나 상품의 가격이 형성되고, 상품의 매매가 발생하는 매개체이다(허경옥 외, 2006).

2) 소비시장의 변화

(1) 소비자 라이프스타일 및 가치관의 변화

소비자들은 과거와는 달리 더 이상 생존하기 위해 자원을 획득하고 소비를 하지 않는다. 소비자들은 각자의 취향에 따라 자신에게 아낌없이 지출하고, 자신만의 독특한 삶의 방식과 가치관을 갖고 있다. 심지어 요즘은 중고제품을 사고 되파는 일도 일상이 되어버렸고 그러한 과정을 즐거움으로 느끼는 소비자들도 있다. 또한 SNS 핫플을 방문하기 위해 소비자들은 새벽부터 오픈런을 하고, 대기표를 받아 하루 종일 대기하는 일도 소비를 하는 즐거운 과정 중의 하나라고 생각하기도 한다. 이러한 소비자들의 라이프스타일 및 가치관의 변화는 소비시장에서의 전반적인 변화를 이끌어냈고, 자신만의 독특한 사고방식으로 삶을 살아가는 새로운 유형의 소비자들도 증가하고 있다.

라이프스타일은 특정 개인이나 집단, 사회가 공유하는 생활양식으로 소비자들을 구별해주는 중요한 특성이며, 이는 소비자 욕구에도 영향을 미치므로 그들의 소비행동에 반영되는 모습을 보인다. 특히 소비자들의 라이프스타일을 분석하여 유사한 생활방식, 가치관, 소비행동을 보이는 소비자들의 라이프스타일을 유형화하고, 각 유형별 소비자 니즈를 파악하여 소비트렌드를 살펴봄으로써 미래를 예측하기도 한다.

라이프스타일은 개인뿐 아니라 가정, 사회, 국가 차원에서도 나타나게 되는데, 가정이나 사회, 국가의 라이프스타일은 각 집단을 이루고 있는 구성원들의 라이프스타일에 의해 형성되며, 가정, 사회, 국가의 라이프스타일이 개인의 라이프스타일에 영향을 주기도 한다. 그러므로 어떤 사회의 라이프스타일이란 그 사회의 구성원들이 공통적으로 가지고 있는 독특한 생활양식을 의미하는 것으로 특정 문화나 특정 집단을 구별해주는 기준이 된다.

라이프스타일은 세대나 연령대별로 다른 특징을 보이기도 한다. 20대와 30대 소비자들은 패션이나 유행을 선도하는 계층이지만 시장에서의 구매력이 다양한 영역에서 지속적으로 확대되고 있다. 이들은 자기 자신에게 투자를 많이 하며, 결혼에 대한 가치관의 변화로 싱글족들도 급증하고 있다. 2030 세대는 부모의 경제력과 가치관의 변화를 바탕으로 명품의 대중화, 상품 및 서비스의 공유, 중고제품 거래 등을 이끌어 온 세대이다. 또한 SNS 및 디지털 기기의 혜택을 가장 많이 받은 세대이기도 하다. 이들은 해외문화, 새로운 가치관이나 생활방식, 새로운 경험이나 체험을 받아들이는 데 거부감이 전혀 없다. 한때는 가성비를 따지기도 하였으나, 최근에는 가성비보다 질적으로 수준이 높은 소비를 중시하고 있어 파인다이닝이나 오마카세를 즐기거나, 호캉스를 즐기는 모습을 자주 볼 수 있어 현대 소비시장에서 영향력이 큰 소비 주체임이 틀림없다.

특히 이들은 나만의 독특한 개성이나 취향을 중요하게 생각하고, 타인의 취향 역시 존중해준다. 렌탈 제품을 이용하여 합리성을 추구하는 소비자들도 많지만, 고가의 가전제품을 구매하기도 하며, 무조건 최신 유행을 따라 하거나 다른 사람들에게 휩쓸리는 것을 거부하며 자신만의 스타일을 추구하는 경향을 보인다. 또한 다양한 플랫폼을 활용하여 자신만의 스타일이나 개성을 드러낼 수 있는 콘텐츠를 제작하여 공유한다. 이를 통해 일반인이지만 연예인 같은 영향력을 보이는 소비자들도 주변에서 종종 찾아볼 수 있다.

MZ 세대는 전 세계적으로 사회경제활동의 주력 연령대로 부상하고 있는 세대로 현재 친환경 가치를 주도하고 있으며, 친환경 제품의 든든한 소비층이다. 이들은 SNS를 적극적으로 활용하여 제품사용에 대한 서로의 경험을 쉽게 공유하기 때문에 이들의 구전 의도가 다른 소비자들의 구매행동에 큰 영향을 미치고 있다. 팬데믹 이후 현재까지 급격하게 증가하고 있는 온라인 쇼핑의 성장률과 전 세계에서 이들이 차지하는 인구 비율을 보았을 때, 이와 같은 특징을 지닌 MZ 세대는 현재뿐만 아니라 앞으로 다가올 미래 사회에서도 사회경제 영역을 비롯한 많은 영역에서 막대한 영향을 끼칠 것으로 보이므로 이들에 대한 기업들의 지속적인 분석 및 전략이 필요하다(김선진, 2023).

이에 비해 40대와 50대 이후의 소비자들은 그동안 큰 구매력을 가지고 있음에도 불구하고 소비시장에서 큰 주목을 받지 못해왔다. 그러나 고령화 사회 및 고령사회에 진입하게 되고 평균수명의 지속적 증가로 이들이 전체 인구에서 차지하는 비중은 점점 커지고 있으며, 이들의 경제력은 더 이상 무시할 수 없게 변화하고 있다. 이들은 시간과 돈을 갖추고 있으면서 과거처럼 자녀를 위해 희생하기보다는 각자의 인생을 즐기는 세대로 가치관이 변화해가고 있으므로 자신의 외모나 건강을 적극적으로 가꾸기 위한 제품이나 서비스를 원하고 있다.

따라서 자신만의 삶을 즐기고 여유로운 여가생활을 보내면서 각자의 취미를 개발하는 등 개성 있는 라이프스타일을 즐기는 모습을 볼 수 있으며, 삶의 질적 수준을 높이려고 고급스러운 제품에 대한 소비도 많이 하는 편이다. 또한 과거와는 달리 중장년층 소비자임에도 불구하고 젊은 세대가 주로 소비하는 브랜드를 이용하거나, 이들과 함께 어울려 취미생활을 즐기는 모습도 종종 주변에서 볼 수 있다. 이들은 건강을 유지하고 몸매를 탄력적으로 유지하기 위해 다양한 운동을 활발하게 하고 있으며, 이와 관련된 모임이나 커뮤니티에도 적극적으로 참여하여 젊은 세대와 자연스럽게 소통하고 어울린다. 외적으로도 젊음을 유지하기 위해 피부 시술 및 관리, 동안 유지 뷰티제품 등 다양한 제품을 체험하며 적극적으로 소비하고 있다.

소비자들의 라이프스타일 및 가치관의 변화와 더불어 소득이 증가하고 생활 수준이 높아지면서 가치 있는 삶을 즐기기 위해 소비시장에서 여가와 관련한 소비가 증가하고 있다. 특히 2000년대 이후 시간적 여유 증가로 여가와 문화생활에 쓰이는 비용은 점점 늘어나고 있으며, 2003년부터 시작된 웰빙은 주5일 근무제가 본격적으로 확산되면서 하나의 소비트렌드로 자리 잡았다. 이러한 변화로 소비자들은 삶의 질을 높이고 여가시간을 효율적으로 활용하기 위한 욕구가 더욱 강해졌고 여가시간을 의미 있게 보낼 수 있는 것이 잘 사는 중요한 방법의 하나가 되었다. 또한 세상을 좀 더 느리고 여유 있게 살아가는 시각, 인생을 바쁘게 살기보다는 여유로운 태도를 중시하는 문화가 생겨나게 되었으며, 소비자들의 여가생활에서도 다양한 형태로 모습을 드러내고 있다.

특히 요즘 여가생활은 예전에 비해 즐기는 시간도 증가하였을 뿐만 아니라 내용도 다양해지고 질적으로도 수준이 높아지고 있는 추세이다. 또한 단순히 일하고 남는 시간에 쉰다는 개념에서 벗어나 다양한 생산성과 즐거움을 창조해낸다는 개념으로 변화하고 있다. 소비자들은 여가시간을 즐기며 정신적인 건강과 심리적 안정을 추구하고 있으며, 더 나아가 건강하고 젊게 사는 삶을 추구하고 있다.

우리나라 소비자들에게 나타나고 있는 라이프스타일 및 가치관의 변화 모습을 정리해보면 다음과 같다.

첫째, 소비자들은 집단주의 문화에서 비롯된 보편화된 소비보다는 나만의 개성화된 소비를 추구하는 방향으로 변화하고 있다. 개성화된 가치관에 따라 행동하는 소비자들이 증가하면서 기업은 각 소비자 유형에 적합한 차별화된 제품, 맞춤화된 제품, 시장세분화 전략 등으로 표적 소비자들의 마음을 움직이려고 하고 있다.

둘째, 소비자들은 소유하려는 물질적 욕구보다는 즐기고 체험하는 정서적 · 심리적 욕구를 중요하게 생각하고 있다. 생활 수준의 향상으로 이미 충족된 경제적 욕구, 소유의 욕구보다는 이용, 공유, 경험, 체험과 같은 욕구 등이 충족되기를 원한다.

셋째, 소비자들은 건강과 자연, 환경에 대한 관심이 높다. 시간에 쫓기는 바쁜 현대사회에서의 복잡하고 획일적인 답답한 삶에서 벗어나 느리고 여유로운 자연에서의 삶을 추구한다. 이는 건강과도 관련성이 높으며 삶의 질 향상, 가치 있는 삶을 추구하는 모습에서도 볼 수 있다.

넷째, 소비자들의 소비패턴은 더욱 고급화되고 있으며, 구매욕구는 더 전문화되고 있다. 가족 규모의 축소, 여가시간의 확대, 여성의 경제활동 확대, 소득수준의 향상과 교육수준의 향상 등에 따라 더 고급스러운 소비자 욕구가 발생되었고, 자아실현에 대한 관심, 자신에 대한 투자 등이 소비패턴의 고급화를 야기했다. 또한 소비 경험의 축적 및 지식수준의 향상으로 소비자들의 구매 욕구는 전문화되고, 소비자들이 관심 있는 특정 분야에서의 전문가가 되고자 하는 마니아들이 증가하고 있다.

다섯째, 소비자들은 편의성과 합리성을 중요하게 생각하고 있다. 시간이 중요한 현대사회에서는 시간을 절약할 수 있는 편의성에 대한 소비자들의 욕구가 점점 증가하고 있으며, 외식, 배달, 쇼핑 등 많은 영역에서 편의성이 돋보이는 서비스가 도입되고 있다.

여섯째, 소비자들은 창조적으로 여가생활을 즐기며 이를 위해 각종 프로그램이나 체험형 여가상품, 문화상품 등이 확산되고 있다. 이와 관련된 동호회 활동이 증가하였으며, 나만의 창조적인 여가생활을 타인에게 공유하며 즐기는 모습도 찾아볼 수 있다. 또한 한 분야의 전문가나 한 분야만 파고드는 덕질을 하는 소비자들이 증가하는 모습도 볼 수 있다.

(2) 인구구조의 변화

혼인율 감소, 출산율 저하, 이혼율 증가 등으로 인해 독신가족, 동거가족, 한부모가족 등이 증가함에 따라 부모와 자녀 세대로 이르어진 전통적인 가족의 의미가 점차 퇴색해가고 있다. 이는 개인적 형복의 추구, 삶의 질을 우선시하는 방향으로 가치관이 바뀌고 있기 때문이다 (허경옥 외, 2006).

우리나라는 고령화가 빠르게 진행되어 곧 초고령사회를 앞두고 있다. 과거의 노인들은 보수적이고 자녀에게 의존적이며, 주로 노인들끼리만 어울리고 독립성이 약한 존재로 인식되었다. 또한 은퇴로 인한 경제력의 상실로 빈곤한 생활을 유지하거나 자녀에게 경제적으로 의존하는 경우가 많아 소비자로서는 주목받지 못했다. 그러나 의료기술과 과학기술의 발달에 따라 평균수명이 연장되고 있으며, 노인들의 학력수준 및 소득수준의 상승은 노인들의 가치관과 라이프스타일을 변화시켰다.

오늘날 노인 소비자는 은퇴 후에도 젊고 건강하며, 낙관적인 미래지향적 가치관을 갖고 노후를 즐기는 모습을 볼 수 있다. 이들은 과거에 비해 독립성이 강해져서 자녀에게 무조건 의존하지는 않으며, 최근에는 일하는 80대도 늘어나고 있다고 한다. 여가를 즐기고 취미생활을 다양하게 경험할 뿐 아니라 다른 세대와의 교류도 즐거워하며 유행에도 민감하고 좀 더 젊게 삶을 유지하기 위해 뷰티제품을 구매하는 노인 소비자들이 소비시장에서 증가하고 있다. 따라서 노인 소비자는 새로운 소비계층으로서 기업의 주요한 마케팅의 대상으로 떠오르고 있으며, 노인 소비자들의 소비능력은 점점 확대되고 있고 앞으로도 이러한 추세는 지속될 것이다.

고령화와 더불어 저출산 현상 역시 가속화되고 있는데, 우리나라 저출산의 원인으로는 결혼에 대한 가치관의 변화, 초혼연령의 상승,

여성의 경제활동 증가, 출산 및 자녀에 대한 가치관의 변화, 자녀양육 및 자녀교육비에 대한 부담 증가, 부동산 가격의 상승 등으로 나타나고 있다.

이와 같이 미혼 남녀의 결혼에 대한 가치관의 변화로 결혼을 연기하거나 거부하고 출산을 하지 않는 소비자들도 증가하고 있어 1인 가구의 규모는 점점 증가하고 있다. 이들은 나이와 상관없이 결혼이나 출산을 미루거나 거부하고, 구속받지 않는 삶을 즐기는 모습을 보이는 경향이 있다. 과거에는 1인 가구들의 대다수가 결혼을 미루는 20~30대나 노인소비자에서 주로 찾을 수 있었으나, 요즘에는 이혼율 증가 및 결혼을 미룬 40~50대 이상의 중장년층 소비자에서도 많이 볼 수 있다. 따라서 경제활동을 통해 획득한 소득을 가족에게 투자하기보다는 스스로에게 소비하거나 투자하는 모습을 많이 볼 수 있고 이러한 1인 가구의 증가로 반려동물 관련 산업도 함께 발전해왔다.

1인 가구의 증가와 함께 무자녀가족의 증가도 소비시장에서 새로운 변화를 일으키고 있다. 소량상품 구매나 외식의 증가, 배달서비스 증가, 편의점 및 전자상거래 이용이 증가하고 있으며, 시간절약형 제품 및 가사대행 서비스에 대한 수요도 높아지고 있다. 따라서 인구구조의 변화로 인해 새로운 가족의 형태가 등장하고 있으며, 이러한 변화는 생활양식의 변화에도 영향을 미치게 된다. 최근에는 동거가족 및 공동체 가족의 모습도 나타나 거주공간 및 경제생활은 공유하면서 개인의 라이프스타일은 존중해주는 다양한 모습을 볼 수 있다.

(3) 소득수준 향상으로 고급화

소비사회가 발전하면서 소비는 단순히 경제적인 문제가 아니라 문화적인 현상이 되었다. 즉, 부족한 자원을 효율적으로 사용하고 얼마만큼 더 사용하는가 하는 문제보다는 한 사회의 집합적인 소비행태가 갖는 문화적 의미가 중요해진 것이다(김외숙, 송인숙, 2011). 이러한 소비의 문화적 의미는 소비시장에서 새로운 트렌드와 소비행동의 모습으로 확인할 수 있다.

최근 소비시장에서는 중간가격대 상품보다 명품과 같은 고가품 시장과 가성비가 좋은 저가품 시장이 동시에 소비자들에게 인기를 끌고 있는 양극화 소비가 계속 심화되고 있다. 최근 코로나19의 영향으로 외부활동의 제약이 많았었고 소비자들은 보복소비의 모습으로 집에서 고가의 양주나 와인과 같은 고급 주류를 즐기거나 고급 리조트에서 휴가를 즐기는 소비자들이 늘어났다. 또한 고가의 니치 향수나 명품 립스틱, 프리미엄 디저트, 명품 소품 등 작은 사치를 즐기는 소비자들이 늘어났다. 백화점 식품관에는 프리미엄 디저트 매장이 계속 증가하고 있으며, 성수동이나 청담동의 명품 팝업스토어에 방문하여 제품을 구매하거나 독특한 체험을 하기 위해 대기하는 소비자들도 많다. 오마카세나 파인다이닝을 예약하기 위해 애쓰는 소비자들도 많은데 이는 바쁜 일상에서 보상받고자 하는 심리로 자신에게 아낌없이 지출하고 각자의 취향이 반영된 소비트렌드가 나타나고 있다고 할 수 있다.

이처럼 고가의 요가복이 불티나게 팔리고 있으며, 하이볼이나 샴페인, 위스키 같은 고급 주류가 인기 있는 반면, 저가의 생활용품숍이나 저가 의류도 소비자들에게 지속적으로 큰 인기를 끌고 있다. 편의점 PB상품 역시 가성비가 좋아 여전히 소비자들에게 인기가 있으며, 최근 편의점 히트상품으로 SNS에 구매인증샷이 자주 업로드되는 ㅇㅇ도시락, ㅇㅇ팝콘, ㅇㅇ까눌레 등은 공급되자마자 품절되거나, 제품이 주로 공급되는 오전시간에 일부러 편의점을 찾아 구매하는 소비자들도 볼 수 있다고 한다.

소비자들은 소비의 고급화와 함께 심리적 만족도 중요시하는데 감성소비와 가치소비의 모습으로 확인할 수 있다. 감성소비는 제품의 품질이나 가격으로 선택하는 이성소비가 아닌 소비자의 감성에 의해 선택하는 소비행동을 의미한다. 감성소비가 지나치면 충동소비로 이어지는 경우도 있으나 현대사회는 감성소비시대이다. 감성소비를 통해 소비자들은 자신의 정체성을 확인하는 경우가 많고 정신적인 욕구 충족을 통해 심리적인 만족을 한다. 따라서 브랜드나 상품의 디자인, 이미지 등의 감성적 요인들이 중요해졌고, 이러한 현상은 소비시장의 모든 영역에서 나타나고 있다. 감성소비를 통해 소비자들은 각자의 개성을 추구하기도 하며 나만의 맞춤 상품이 인기를 끌기도 한다.

소비자들의 주관적 가치를 만족시키는 가치소비는 주변의 시선을 생각하지 않으며 자신이 중요하다고 생각하는 가치에 근거하여 소비를 한다. 이는 고가나 저가제품을 구입하는 양극화 소비나 소비자의 이중적인 양면적 소비, 신념을 드러내는 소비, 기부나 나눔 등의 소비로 나타난다.

2 소비시장의 중요성

시장은 판매와 소비의 주요기능을 수행하고 시장에서 소비자들은 자신의 욕구를 가장 최대한으로 충족시킬 수 있는 제품 및 서비스 구입을 추구하며, 판매자들은 나름대로 최대한의 이익을 위해 판매활동을 벌이게 된다. 이 같은 판매자와 소비자의 상충적인 욕구를 효과적으로 충족시키기 위해 시장에서는 적정한 가격이 형성되어 판매와 소비, 즉 자원을 배분하는 기능이 달성된다(허경옥, 2010).

모든 사람은 태어나서 죽는 순간까지 소비를 한다. 우리는 모두 소비시장에서 일상을 지속적으로 유지하고 있다. 소비자들은 소비시장에서 다양한 욕구를 충족하고 있으며, 새로운 경험과 만족을 추구하며 살아가고 있다. 소비시장의 중요성을 경제주체인 소비자, 기업, 정부를 중심으로 구분하여 살펴보면 다음과 같다.

1) 소비자

소비시장은 유통구조의 다변화, 소비자 욕구의 다양화, 소득수준의 양극화로 인한 소비의 양극화 등으로 빠른 변화를 거듭하고 있다. 이러한 소비시장에서 소비자 의사결정의 복잡화로 인해 소비자 정보의 중요성은 더 부각되고 있으며, 소비자가 이를 어떻게 활용할 수 있는가와 같은 소비자역량은 그 중요성이 크다고 할 수 있다. 또한 소비시장에서의 소비자 역할은 개인 소비자의 욕구 충족뿐만 아니라 소비자의 삶의 질까지 영향을 미치므로 중요하다고 할 수 있다.

2) 기업

소비시장에서 소비자들이 어떠한 것을 선택하느냐는 기업에도 영향을 미치는데, 특히 가격, 품질 등 기업의 경쟁력에 영향을 미치게 된다. 기업의 치열한 경쟁으로 소비자들의 욕구를 자극하는 광고, 유행이 넘쳐나게 되고 이로 인해 소비자들의 선택은 왜곡될 수 있으며, 충동구매나 과소비, 과시소비 등은 소비자들의 합리적 선호를 왜곡시킬 수도 있다. 그리고 이는 곧 기업의 경쟁력을 약화시킬 수 있다.

3) 정부

소비자 선택은 소비시장에서 기업뿐만 아니라 사회 전반에 영향을 미치고 나아가 정부의 정책 및 국가경제에도 영향을 미칠 수 있다.

즉 소비시장에서의 소비자 선택 및 행동은 개인 소비자의 가치관이나 생활양식, 구매행동으로만 인식할 것이 아니라 사회 전체의 가치관이나 생활양식으로 인식하여야 하며, 사회나 정부가 소비시장에서의 이슈에 관심을 기울여야만 할 것이다.

생각해 보기

1. 소비시장에서 달라진 소비자들의 역할은 무엇인지 생각해 봅시다.

2. 최근 소비자들의 변화는 어떻게 나타나고 있는지 생각해 봅시다.

3. 최근 소비시장에서 가장 중요한 이슈는 무엇인지 생각해 봅시다.

2장

소비시장의 분석과 현황

도입

우리는 시장의 세계에 산다. 전통재래시장, 대형 슈퍼, 편의점, 주식시장, 노동시장 등 온통 시장으로 불리운다. 경쟁이 이루어지는 시장은 자본주의의 핵심이다. 시장에서는 소비자와 판매자가 수요와 공급에 의해 정해진 가격으로 상품을 거래한다. 오늘날 시장의 힘은 거대하다. 가격은 잠재적인 징후이며, 비즈니스는 새로운 제품 시장과 새로운 시장을 만들어 낼 방법을 끊임없이 고민하고 있다. 그리고 그 안에 많은 소비자는 소비하며, 소비가치를 부여하고 있고 갈수록 상품의 수명주기는 점점 짧아지고 있다.

일찍이 케인즈는 사회가 필요 이상으로 성장한 세상을 예상했다. 그리고 그 성장을 위해 환경이 희생하는 사회가 아니라 성장을 추구함으로써 인간이 덕성과 도덕을 왜곡하는 사회를 예측했다. 우리는 이미 케인즈가 말한 시기로부터 100년이 지난 엄청나게 잘사는 세상에 살고 있다. 이제는 끝도 한계도 없이 경제성장만을 우선시하는 가치관에 의문을 제기해 보아야 할 때이다. 경제 문제가 해결된 시점에 도달하기 오래전부터 경제성장에 집착하는 것만이 진정한 행복이자 모든 문제의 해결책인지 자문해 보아야 했을 것이다.

과거, 유엔개발계획은 인간개발보고서를 통해서 회원국의 경제성장을 분석해 다음과 같은 유형으로 분류하였다.

고용 없는 성장: 전반적으로 경제는 성장하지만, 고용의 기회는 확대되지 않는다.

무자비한 성장: 경제성장의 열매를 대부분 부자들만 누린다.
무언의 성장: 경제에서의 성장이 민주주의나 권력의 위임으로 이어지지 않는다.
뿌리 없는 성장: 경제성장으로 사람들은 고유의 문화적 정체성을 상실한다.
미래 없는 성장: 현재의 세계가 후손이 써야 할 자원까지 모두 낭비해 버린다.

결국, 경제성장과 빈곤 감소 사이의 관계는 결코, 완벽하지 않다는 사실을 인지하여야 한다. 그리고 절대적 빈곤을 해결하기 위해 개인이 하루에 얼마를 번다는 전통적인 소득 이외의 빈곤 대책을 세운다고 해도 둘 사이의 관계가 더 가까워지지는 않는다. 이는 경제가 성장하지 않으면 빈곤 문제 또한 해결할 수 없다는 점 때문이다. 이러한 점을 감안한다면, 생산의 성장, 경제의 생물물리학적 처리량의 성장, 그리고 인간 복지의 성장 등을 고려해야 한다. 즉, 인간이 행복하려면 경제성장이나 소비만으로는 부족하다. 따라서 경제복지지수(Index of Sustainable Economic Welfare), 인간개발지수(Human Development Index) 등을 고려해야 한다.

그렇다면, 진정한 성장은 무엇인가?

물질적 부가 과연 진정한 행복과 삶의 만족을 느끼게 해 주었는가?

사실 행복은 복잡한 감정이다. 소비자라면 누구나 행복하고 만족스러운 삶을 살고 싶어한다. 그래서 우리는 과거, 현재만이 아니라 미래에 대한 관심을 갖고, 분석하고 예측해야 한다. 따라서 소비시장의 변화를 잘 분석하고, 행복한 소비를 지향해야 한다.

1 소비시장 분석의 중요성

소비시장은 상품으로서의 재화와 서비스의 소모가 이루어지는 추상적인 영역으로 소비자인 사람에 의해 결정되고 움직인다. 소비시장의 중요 요소는 여러 가지이지만, 근간에는 4차 산업혁명에 따른 기술과 산업의 변화, 소비자의 욕구이며, 소비시장의 발전을 위해 이 세 요소의 적절한 융합과 응용이 필요하다. 따라서 기술과 산업의 변화와 소비시장의 융합을 다양한 시각에서 다루어야 하고, 이를 통해 창의적인 결과물을 창출할 수 있는 응용력이 필요하다.

바야흐로 4차 산업혁명의 시대다. 2016년, 세계경제포럼에서부터 주창된 시대를 향한 호명은 오늘날 온전한 개념으로 자리 잡았다. 영원히 닿을 수 없을 것만 같던 경지로 세계는 빠르게 도약했고, 상상조차 할 수 없었던 신기술의 향연이 이어지고 있다. 전세계가 4차 산업혁명의 산출물에 주목하는 가운데 우리나라도 기술의 발 빠른 발전을 꾀하고 있다. 특히 2020년의 코로나19가 오래도록 이어지면서 우리 사회에 '사회적 거리두기'가 개입된 것은 본격적으로 4차 산업혁명을 이끄는 주된 영역이 되었다고 과언이 아니다. 특히 디지털 분야에서의 혁신을 빠르게 선보였다. 이미 많은 것들이 기계화되었다. 이제 우리 사회에는 더 새로운 것, 더 스마트한 것이 요구되는 실정이다.

특히 코로나19가 가져온 것은 비단 기술의 발전만이 아니다. 바이러스로 인한 독립적인 생활이 지속되면서 사회는 예기치 않게 개인화가 더 심화된 것으로 보인다. 여러 측면에서의 비대면화가 권장되어 관련 산업에 대한 관심 또한 급격히 높아졌다.

한국과학기술기획평가원에서는 이러한 사태에 대해 '2021년 KISTEP의 미래유망기술 선정에 관한 연구'를 통해 비대면 사회를 거치며 기대되는 기술 동력을 발표하였다. 특히 대한민국 미래의 핵심 동력을 기술 관련, 건강 관련 등을 들고 있다.

이러한 것은 시대적인 환경에 따라 기술의 변화와 시장이 변화할 수 있음을 극명하게 보여주고 있다.

1) 소비시장에서의 기술, 비즈니스, 휴먼 벨류 변화

소비시장의 발전에는 기술(technology), 비즈니스(business), 그리고 소비자의 휴먼 밸류(human value)의 변화가 큰 영향을 미친다. 간략하게 보자면 기술의 발전으로 인해 상품과 서비스가 좋아지면서, 새로운 시장이 등장하며 소비자의 요구를 만족시키기 위한 다양한 기회가 생긴다. 또한, 비즈니스에서의 발전은 소비자와의 관계를 발전시키고 기존 시장을 넘어선 새로운 산업을 만들어낸다.

21세기는 디지털 혁명의 시대로 불리며, 그 중심에는 기술변화가 있다. 이러한 기술변화는 우리의 삶을 바꾸는 것뿐만 아니라, 산업환경과 경제 구조를 끝없이 전환시키고 있다. 기업들은 이러한 변화를 적극적으로 받아들이고, 새로운 비즈니스 모델을 만들어냄으로써 생존하고 성장하는 길을 찾아가고 있다.

하지만 기술과 비즈니스의 변화만으로는 충분하지 않다. 결국, 시장의 중심에는 사람, 즉 소비자가 있기 때문이다. 소비자의 욕구와 가치가 변하면, 그에 맞추어 시장도 변화하게 되며, 변화되어야 한다. 따라서 소비자의 휴먼 밸류 변화를 이해하고 이를 충족시키는 제품과 서비스를 제공하는 것이 필수이다.

이러한 관점에서 볼 때, 미래의 성장동력을 찾는 일은 매우 중요해진다. 이를 통해 우리는 미래의 경제 흐름을 예측하고, 이에 맞는 전략을 수립하여 새로운 기회를 창출할 수 있어야 한다. 이런 노력이 한 국가, 지역의 지속 가능한 성장을 위한 기반이 되며, 이는 어떠한 곳이라도 적용될 것이다.

이러한 의미에서 대한민국의 미래 성장동력을 찾아보는 것은 매우 중요하다. 대한민국의 미래 성장동력은 어떤 것이 될 수 있고, 어떤 기술변화와 비즈니스 변화, 그리고 소비자의 휴먼 밸류 변화를 기반으로 미래의 성장동력을 찾아볼 수 있는지에 대한 답을 찾아야 한다. 대한민국의 중요한 산업 분야의 기술 진보와 시장 변화를 통해 미래의 핵심 성장동력으로 발돋움할 수 있도록 해야 하며, 이를 통해 대한민국의 미래 성장전략에 대한 통찰을 얻고 발전 방향을 모색해야 한다.

처음 우리나라가 미래 성장동력을 선정하게 된 이유는, 글로벌 경쟁이 가속화되고 내수 부진이 심화되면서 경제성장에 한계가 발생하자 이를 해결하기 위함이었다. 다시 말해, 창의와 혁신을 통해 경제 체질을 변화시키고 새로운 산업과 일자리를 창출할 창조 경제로의 전환을 추진하고자 하는 것이었다.

최근 2022년에는, 2023년 상반기 경제 상황이 어려울 것으로 판단한 정부가 위기를 극복하고 재도약하는 전략으로써 미래산업 중심의 성장동력을 확보하기 위한 '신(新)성장 4.0 전략'을 수립하였다(기획재정부, 2023). 또한, 2023년에는 벤처 투자 둔화세가 우리 경제의 성장동력인 신기술 개발 사업화에 차질을 줄 수 있을 것이라는 우려에 따른 조치로, 핵심기술을 보유한 기업들이 민간 자본 시장을 통해 성장 자금을 원활하게 모집할 수 있도록 시간적 · 비용적 지원을 최대한으로 할 것이라고 발표하였다. 이처럼 정부는 미래 핵심기술들을 발굴하고 성장을 지원하기 위해 다방면의 지원을 아끼지 않고 있으며, 우리나라의 기술 또한 이에 부응하듯 미국과의 기술 확산점 격차가 2년 이내인 분야도 다수 발생하고 있다.

따라서 우리나라의 미래핵심 성장동력 중 객관적인 근거를 드고 선택하여 주요 현황 분석 및 성장 방법 모색을 통해 미래성장동력에 관해 심층적으로 분석하는 것은 해당 분야에 대해 더 넓은 시야를 찾을 수 있다. 미래핵심 성장동력을 선정하는 관계 부처에는 중소벤처기업부, 산업통상자원부, 과학기술정보통신부 등이 있다.

과학기술정보통신부가 보고한 '제6회 과학기술예측조사 결과'에 따르면, 과학기술정보통신부는 향후 25년 내 미래 사회를 전망하고 파급력이 큰 미래 기술을 예측 · 조사하여 과학기술정책에 반영하기 위해 과학기술예측조사를 5년 주기로 실시한다. 이 과학기술예측조사는 먼저 과학기술과 사회과학 전문가들로 구성된 미래전망위원회가 25년 후 미래 사회를 전망해 '메가트렌드'와 '주요 이슈'를 도출하고, 2단계로 기술 중심의 미래기술위원회가 '미래기술'과 시장 파급효과가 큰 '미래혁신기술'을 선정하는 과정으로 진행되었다(한국과학기술기획평가원, 제6회 과학기술예측조사 연구, 2021).

이러한 조사 방식으로 총 15개의 미래혁신기술을 선정하였으며, 과학적 중요도, 공익적 중요, 경제적 · 산업적 중요도를 매겨 ① 완전 자율 비행체 ② 완전 자율주행차 ③ 맞춤형 백신이 상위 3개 안에 선정되었다. 여기에서 과학적 중요도, 공익적 중요도, 경제적 · 산업적 중요도를 근거로 하고 있다는 것은 고무적이다.

2) 소비자의 욕구와 시장 도태와의 관계

소비시장에서 가장 중요한 것은 소비자의 욕구를 이해하고 충족시키는 것이다. 하지만 기술과 비즈니스가 아무리 발전해도 소비자의 욕구에 맞지 않으면 시장은 도태될 수밖에 없다. 따라서 시장은 지속적으로 변하는 소비자의 욕구를 파악하고 소비자를 만족시키기 위한 방법을 끊임없이 찾아서 그에 맞는 제품과 서비스를 제공하고 정책을 만들어야 한다.

소비시장에서 중요한 요소는 기술의 변화, 비즈니스의 변화, 그리고 소비자의 휴먼 밸류이다. 아무리 좋은 기술의 응용과 비즈니스가 있어도 소비자의 욕구가 없다면 소비시장은 도태될 수밖에 없다. 따라서 기술변화와 소비시장의 융합을 다양한 시각에서 다루어야 하며, 기술과 소비시장의 융합을 근거로 하여, 창의적인 결과물을 창출할 수 있는 응용력이 필요하다.

그 근거로는 소비자의 욕구가 다양한 것에 따라 변화한다는 것이다.

오늘의 소비자는 '경제적인 합리성'도 중요하지만, 자신의 개성표출에 적극적으로 도움이 되는 기호도구를 사들이며, 일차적인 소비욕구를 뛰어넘어 자기표현을 위한 커뮤니케이션 수단을 구입하고 있다고 할 수 있다.

그것은 달리 말해 소비자가 '상품과 자신 사이에 만들어지는 기호나 관계', 즉 사회적으로 일정한 가치를 인정받고 있는 특정상품의 이미지나 상징성 이데올로기 또는 그 시대의 트렌드와 정신 등을 구입하게 되었다는 것이다. 그러한 이유로 불특정다수의 대중을 대상으로 하는 제품은 버티기 힘든 시대가 되면서 우리 주변에는 소비자의 감성에 호소하는 상품들이 갈수록 증가하고 있다.

소비는 단순히 물건을 사거나 쓰는 행위만을 지칭하지 않는다. 그것은 이미지나 상징 등의 경험적 요소를 포함하고 있으며, 소비의 형태 또한 사용상의 효용 이상으로 개인에 따라 다양하게 나타난다. 물질이나 서비스인 상품을 욕망하는 순간부터 그것을 구매하고 즐기며 궁극적으로 폐기하는 일련의 과정에는 상상, 관계 맺기, 구별 짓기, 도덕, 가치, 이데올로기 등을 포함하고 있다. 글로벌한 상품의 네트워크와 자원의 보존과 낭비에 이르기까지 수많은 요소를 포함하고 있다. 따라서 소비는 계획, 구매, 사용, 처분 등의 일련의 과정에서의 행동 가치 등이 모두 포함된다.

우리는 매일 무언가를 소비하고 살며, 소비는 생산보다도 더 밀접한 소비자의 일상이 되어버렸고, 그래서 현대인을 소비하는 인간, 즉 호모 콘수무스(homo consumus)라고 부르기도 한다. 더욱이 인공지능을 탑재한 기계가 생산과 노동을 점령해 간다면, 소비는 머지않아 소비자인 인간에게 남은 가장 중요하고도 고유한 활동이 될지도 모른다(설혜심, 2020). 따라서 소비에 있어서 소비자의 욕구는 시장을 살리기도 하고, 도태시키기도 한다.

예컨대, 소비자의 가치와 견주어 가격적인 측면에서 살펴보면, 소비자의 '심리적 · 사회적 · 문화적 효용성'을 충족시켜주는 경우에는 비싸도 잘 팔리지만, 그렇지 않으면 싸도 팔리지 않는다. 저가품은 슈퍼마켓에서도 할인판매 경쟁을 치러야 할 정도로 푸대접을 받지만, 고가품은 '주문생산, 소량판매, 한정판매' 등의 형식을 통해 고급품으로서의 명성과 가격을 높이고 있는 상황이다.

이와 같은 소비 행태가 보편적인 현상으로 우리 사회에 자리 잡기 시작한 것은 지난 '1980년대 중반' 이후의 일이다. 경제가 성숙하지 못한 상황에서는 사람들은 상품의 물성을 소비하지만, 경제적으로 한 단계 더 발전한 성숙사회에서는 물질적 소비에 의한 욕구 충족이 아닌 '타인과의 차별화를 겨냥한 감성으로서의 기호'를 소비하는 일에 더 큰 관심을 갖게 된다는 것이다. 달리 말하면, 소비자는 집단에 속하고자 하지만, 또한 그 속에서 차별성을 꾀한다는 것이다.

이 같은 오늘날의 소비 현실은 '개인의 심리적 요인' '사회심리적 특성' '사회문화적 영향' 등으로 설명이 가능할 것이다.

한 제품이 시장에 소개되어서 철수될 때까지의 생애를 상품수명주기(product life cycle)라고 한다. 최근 들어 그 상품의 수명이 계속 짧아지고 있다. 이렇게 제품의 수명이 짧아짐으로써 신제품 개발에 드는 비용은 고스란히 소비자에게 전가되어, 소비자는 기존제품보다 더 비싼 가격의 신제품을 구입하게 되거나 기업의 판촉 및 판매 전략에 따라 기능이 멀쩡한 내구재를 신제품으로 교환하게 된다. 사실 기업의 입장에서도 상품수명주기가 짧은 것이 그리 반가운 현상만은 아니다. 그리고 기업은 시장에 제품을 출시한 후, 가급적이면 오랜 기간 동안 소비자에게 선택되기를 원한다.

그러나 소비자 요인, 기술 요인, 경쟁 요인 등으로 인해 신제품이 기대한 방향으로 변화하지 않을 수도 있다. 그러면 상품수명주기는 어떠한 단계를 거치며 이를 단축시키는 요인은 어떤 것들이 있는지 생각해 보자.

시장의 구성요소인 생산자, 소비자, 정부 등의 요인을 살펴볼 때, 시장의 형성, 그리고 각 요인의 중요성 및 시대적 배경이 매우 중요하다. 또한 시장의 규제, 지원, 자율 등의 형성은 소비자의 의미, 표현, 사회화 등을 변화시켰다. 시장은 본래 완전경쟁을 추구하면서 그곳에서 소비자의 합리적인 선택을 기대한다. 하지만, 생산과 소비의 대표적인 기업과 소비자의 역할을 볼 때, 과거 기업이 공급한 상품과 서비스를 단순히 수요자로서 소비하던 일방적 제공 관계에서 이제는 쌍방향적인 커뮤니케이션의 역할이 더욱 중요해지고 있다. 이를 대표하는 용어는 무엇이 있을까? 생각해 보자.

3) 기술변화와 소비시장 융합의 중요성

기술변화와 소비시장의 융합은 다양한 시각에서 다루어져야 한다. 기술변화가 가져올 소비시장의 구성요소인 생산자, 소비자, 정부 등의 다양한 정보통신기술, 인공지능, 바이오 기술 등 신기술로 인해 새로운 시장의 발생과 소비자의 가치 기준이 지속적으로 변화하고 있다. 따라서 기업은 창의적인 결과물을 창출하기 위해 기술과 소비시장의 융합에 주목해야 한다.

예를 들면, 디지털 기술과 소비시장의 융합이 산업 분야에서 중요한 역할을 하는 가운데, 완전자율주행 자동차 산업과 생명과학 산업은 미래 성장동력으로 각광 받고 있다. 두 분야에서는 디지털 기술을 적극적으로 활용하여 첨단기술의 개발과 산업 생산성을 높일 필요가 있다. 또한, 보건의료, 환경 등 다양한 측면을 고려하여 핵심전략 분야를 설정하고, 그에 따른 기업 경영 전략을 수립해야 한다.

자동차는 단순한 이동과 운송수단의 기능이 아니라, 매우 고관여의 고기능을 탑재한 전자제품과 같다. 특히 완전자율주행 자동차 산업에서는 차량 안전성과 자율주행 기술을 개발하는 것이 중요하다. 이를 위해, 자율주행 자동차가 대처 가능한 다양한 상황들을 예측하고 대응할 수 있도록 다양한 디지털 기술들이 활용된다.

또한, 차량 내부의 적극적인 연결기술(IoT)을 도입해, 자동차와 사용자 간의 연결성과 유연성, 편의성 등을 높일 필요가 있다. 이를 통해, 차량이 운행 중에도 전자기기와의 상호작용 및 서비스 이용, 엔터테인먼트 등의 영역에서도 새로운 기회를 찾아 산업 생산성을 높일 수 있다. 생명과학 산업에서는 성장인자, 고성능 액체크로마토그래피, 면역세포치료 등 기존 분야에서 더욱 발전시켜 새로운 기술을 개발하는 것이 중요하다. 이를 위해, 다양한 디지털 기술들을 도입하여 생물학적 데이터를 분석, 모델링, 시뮬레이션하여 새로운 치료제 및 진단 방법을 개발하거나 현재 치료법을 최적화하는 데 기여할 수 있다. 또한, 인공지능이나 빅데이터 분석 등을 활용하여 개인 맞춤형 체질에 적합한 치료 방법을 찾아내는 것이 가능해질 수 있다.

종합적으로, 디지털 기술과 생명과학, 완전자율주행 자동차 산업 분야에서는 디지털 기술을 활용하여 새로운 기회를 찾아내고, 이를 기업 경영 전략으로 수립하는 것이 중요하다. 이를 통해 성장 잠재력을 높이고, 기업 생산성을 높여 새로운 경쟁 우위를 차지할 수 있다.

이를 위해서는 단순한 인구분석이 아니라, 소비시장의 수요자 중심 라이프스타일, 소비가치, 행복감 전달 등이 중요하다.

일반적으로 시장의 구성요소는 생산자, 소비자, 정부 등으로 일컬을 수 있다. 시대에 따라서 생산(자) 중심적인 시대가 있는가 하면, 또 소비(자) 중심적인 시대가 있기도 했다. 이의 기본적 의견은 소비자의 수요가 시장에서 매우 중요하기 때문이다. 왜냐하면, 소비자의 선택이 시장에서 기업을 살리기도 하고, 도태시키기도 하기 때문이다.

소비시장에서 중요한 것은 테크놀로지, 비즈니스, 그리고 휴먼 밸류를 들 수 있다. 기술이 변화하면 새로운 상품(유형의 상품과 무형의 서비스)이 나오고, 또 다양한 유형의 판매와 소비의 매체가 변화하는 스마트한 시대로 빠르게 변화하고 있다. 그러나 그 속에서 휴먼 밸류는 어떻게 변화해가고 있나? 소비자유형별 양극화, 소외가 증가하므로 미래소비시장은 소비가치가 더 중요해질 것 같다. 소비자는 단순히 먹고만 사는 게 아니라, 어떤 가치 있는 생활을 해서 행복해야 하기 때문에 그 변화를 느끼고 예측해서 좋은 경험가치를 찾아야 한다. 그 상황에서 산업 간, 제품 간, 생산자와 소비자 간, 그리고 소비자 간 다양한 연계와 융합이 중요하다고 볼 수 있다.

소비자는 다양하다. 크게 인구분포를 보면, 피라미드형에서 항아리형으로 변화되었고, 앞으로는 역피라미드형으로 변화가 예측된다. 따라서 경제활동인구와 출생률은 줄고, 수명과 노인인구는 증가하는 이러한 소비시장 분석은 수요를 예측하고, 관련 정책을 펼치고 거래질서를 확립하여 시장의 질서를 확립하기 위해서도 매우 중요하다. 또한 시장에서의 기회비용을 줄이기 위해서도 소비시장 분석에 심혈을 기울여야 하며, 효율성 증대를 위해서도 필요하다.

과거 소비시장을 잘 분석했지만, 시장진입에 실패한 사례들이 많다. 물론 트렌드 등을 예측한다고 해서 틀린 것은 아니지만, 객관적인 많은 자료, 소비자의 심리 측정 등 정량적 · 정성적 방법으로 다양하게 해야만 한다.

한편, 성장산업이 신기술 쪽으로 편중되고 있다. 우리는 하나의 산업이 다양하게 적용되고 융화되고 융합할 필요성을 인지해야 한다. 그야말로 콜라보레이션이다. 다양한 접근과 시각을 통한 사고의 개방은 창의성, 역발상 등 시대에 맞는 인재를 양성하는 데 도움이 될 것으로 보인다.

대표적인 것으로 자동차, 코스메틱을 들 수 있다. 자동차는 우리의 이동수단 생활에 혁명을 가져온 대표적인 것으로, 자율주행단계는 일반적으로 운전자보조, 부분자율화, 조건부자율화, 고도자율화, 완전자율화 등의 단계가 있다. 그렇다면, 완전자율화가 되면 소비자의 특성에 따라 주로 무엇을 할까? 이런 점을 응용한다면, 자동차의 기능이 소비자가 원하는 그 무엇과 콜라보를 하는 게 좋을까? 의문을 던져본다.

소비자는 무엇을 위해 소비를 하는가? 소비자는 무엇을 제공하고 만족을 얻는가? 이러한 것을 본다면, 소비자의 선택을 받는 기업, 제조사, 판매사는 이윤과 가치의 증대로 다시 시장에 사회적 책임, 공유가치, ESG 등에 전념할 수 있을 것이다.

기술변화는 지속되고, 소비시장에서 소비자인 사람과 사람 간의 격차가 점점 벌어지므로 …… 사람과 사람 간의 융합도 필요하다.

인구변화에서 예측할 수 있듯이, 출생연도, 연령, 디지털 특성으로 세대를 구분할 때, 아날로그 중심, 디지털 이주민, 디지털 유목민, 디지털 네이티브 세대 등 세대 간의 갈등, 소외 등의 사회적 문제에서 소비자와 소비자 간의 융합이 매우 필요한 것을 느낄 수 있다.

이것을 들여다 보면, 그 구체적인 방법, 정책, 법, 가이드라인 등과 연계될 수 있을 것이다. 이러한 것은 미래 사회를 대비한 사회초년생에게 창의적이고 역발상적인 소비자 중심적으로 정책을 제안하는 당위성이 있을 것으로 보인다.

결국, 기술변화와 소비시장의 융합은 시장 간, 지역 간, 산업 간, 제품

간, 소비자 간, 그리고 생산자와 소비자 간 연계와 융합이 필요하다.

그렇다면, 소비시장 분석이 왜 중요한가?

소비시장의 구성요소는 크게 소비자, 생산자, 그리고 정부 등을 들 수 있다. 이에 생산과 소비를 연결시키는 수요와 공급을 근본적으로 고려하여야 한다.

기본적으로는 인구학적 접근의 필요성과 중요성을 들 수 있으며, 이와 관련된 시장의 전략적인 변화의 중요성을 들 수 있다. 그리고 변화하는 디지털 기술과 소비시장의 융합은 현재 인간의 삶에서 필수 불가결한 요소 중 하나이다. 인공지능, 빅데이터, IoT 등의 디지털 기술이 발전함에 따라 다양한 비즈니스 모델과 새로운 가치창출 방식이 등장하고 있으며, 이는 산업 분야에서도 큰 변화를 가져오고 있다.

그러나 이러한 변화는 산업 분야에 대한 대처와 변화에 대한 준비가 필요하다. 이를 위해 디지털 기술과 함께 미래를 대비할 수 있는 핵심 성장동력을 찾아보는 것이 필요하다.

예를 들어, '완전자율주행 자동차 산업'과 '생명과학 산업'이라는 두 가지 성장산업을 분석할 수 있다. 완전자율주행 자동차 산업은 미래의 자동차 산업을 대표하는 분야이다. 시간과 에너지를 효율적으로 절약할 수 있고, 운전자의 안전성과 편의성이 개선될 수 있어 매우 중요한 분야이다. 국내외 다양한 자동차 제조회사에서 자율주행 자동차 개발, 그리고 생산, 판매에 적극적으로 참여하고 있으며, 시장 규모도 꾸준한 증가 추세를 보이고 있다.

생명과학 산업은 바이오, 제약 등 다양한 지식산업에 대해서도 중요한 역할을 한다. 백신, 치료제 등으로 다양하게 연구 · 개발될 수 있는 분야이다. 국내 기업 및 연구기관에서는 인공지능과 바이오융합, 바이오산업, 디지털 플랫폼 등에 큰 투자를 진행하고 있으며 국가에서도 적극적인 지원을 통해 이 산업을 선도할 것으로 보인다.

이러한 두 분야를 분석함으로써 미래 핵심 성장동력을 찾아보고, 기업 경쟁력 확보와 국가 경제성장을 위한 방안 도출이 필요하다. 또한 디지털 기술과 함께 산업에 적극적으로 대처하여 준비하고 나아간다면 탄탄한 성장 기반 마련이 가능할 것이다.

2020년 초부터 본격화한 코로나19는 전 세계 모든 분야에 지대한 영향을 끼치며 인류 삶의 양태까지 바꿔 놓았다. 문화산업도 예외가 될 수는 없어 비대면 소비 형태의 일반화, 대면 콘텐츠 소비의 급감이라는 전반적인 패러다임 변화가 야기되었다. 이러한 변화를 맞이하게 되면서 특히 국내 OTT 산업의 급성장이 이루어지게 되었다. 코로나19 이전부터 여가 활동의 디지털화나 관련 산업이 성장해 오고 있었으나 코로나19 확산 이후 더 성장하였다는 관측이 제기되었다.

코로나19 이후 디지털 여가 활동시간이 증가하게 되었으며, 그중 디지털 여가 활동의 내용으로는 TV 시청, 산책 및 걷기, 인터넷 검색/1인 미디어 제작/SNS 등이 포함되고, 지난 1년 동안 가장 많이 참여한 상위 10개 여가 활동은 잡담/통화/문자 보내기, 모바일 콘텐츠/동영상/VOD 시청, 쇼핑/외식, 친구 만남. 게임, 음악감상, 음주 등의 순으로 나타났다.

이 중에서 디지털 여가 활동으로 이루어진 항목은 인터넷 검색/1인 미디어 제작/SNS, 모바일콘텐츠/동영상/VOD 시청, 게임 등 세 가지였다. 지난 1년 동안 가장 많이 참여한 상위 10개의 여가 활동 중 세 가지가 온전히 디지털 여가 활동으로, 또한 디지털 여가 활동이 부분적으로 섞여 있는 항목이 세 가지라는 점에서 디지털 여가 활동이 이미 상당히 확산되어 있음을 보여준다(문화체육관광부, 2020).

코로나19 이후 이러한 동향을 통해서 성장한 OTT 산업에서의 재투자, 다양화를 통한 산업의 확장과 이용자 확보를 위해 독자적인 콘텐츠 개발을 이루기 위한 움직임을 통해서 대한민국의 음악, 드라마, 영화 등 문화 콘텐츠는 한류 현상을 통해 전 세계적인 인기를 얻고 있으며, 문화에서 중요한 부분을 차지하는 전 세계적인 입지를 구축하게 되었다. 이러한 현상은 코로나 발생 이전 대비 한국 문화 콘텐츠 소비량 변화를 살펴보면 잘 알 수 있다.

한편, 인공지능(Artificial Intelligence, AI)은 모든 것이 연결되고 보다 지능적인 사회로의 진화로 전망되는 4차 산업혁명의 주역으로 데이터와 지식이 산업의 핵심 경쟁 원천이며 빅데이터는 기존 데이터베이스 관리 도구의 능력을 넘어서는 대량의 정형 또는 심지어 데이터베이스 형태가 아닌 비정형의 데이터 집합조차 포함한 데이터로부터 가치를 추출하고 결과를 분석하는 기술이다. 인공지능 및 빅데이터 기술의 세계적인 동향은 인공지능 측면에서는 머신 러닝과 딥러닝의 발전으로 대량의 데이터를 기반으로 모델을 학습하여 예측, 분류, 인지 등 다양한 작업을 수행한다.

최근에는 딥러닝 알고리즘과 컴퓨팅 파워의 발전으로 인해 더욱 정교하고 정확한 인공지능 모델을 개발할 수 있게 되었으며 이에 따라 적용 분야가 의료, 금융, 제조, 자동차, 로봇, 에너지 등 다양한 산업 분야에서 적용되고 있으며 점차 적용 범위는 더욱 확대될 것으로 예측된다. 데이터의 증가와 다양성이 급증하고 있는 가운데 빅데이터 처리와 분석을 위한 기술들이 발전하고 있는 빅데이터 기술의 동향을 확인해 볼 수 있다. 세계적으로 인공지능 및 빅데이터 기술은 기업들과 정부들이 주목하고 투자하는 분야로 인식되고 있으며 이러한 동향은 대한민국의 인공지능 및 빅데이터 산업의 성장과 발전을 지원하고, 대한민국이 글로벌 시장에서 선제적인 역할을 수행할 수 있는 기반을 제공하고 있다.

| 2 | 소비시장 분석의 방법론

소비시장의 분석은 객관적이고 정밀한 예측과 현황을 알기 위해 기본적으로 필요하며, 소비시장의 수요를 예측하는 것은 매우 중요하므로, 가장 기본적으로는 소비자의 인구통계학적인 분석을 통한 흐름 파악이 중요하다.

아울러, 첫째, 정량적인 분석으로 패널자료를 통한 실질적이고 구체적인 파악이 중요하며, 둘째, 보다 심층적인 정성적 분석 등을 통한 분석이 중요하며, 이러한 자료를 근거로 셋째, 구체적인 키워드 도출과 관련 자료의 점검, 그리고 무엇보다 중요한 소비자수요 등을 통한 면밀한 소비, 소비자, 시장의 분석이 요구된다. 즉, 이러한 것은 객관적인 근거와 합리적 의견의 도출이라고 볼 수 있다.

또한 소비시장을 분석하고, 예측하고, 소비자의 수요를 파악하는 데에는 다양한 방법이 있다. 예를 들면, 정량적 방법, 정성적 방법을 들 수 있다.

정량적 방법은 주로 통계자료, 논문, 기업분석보고서 등으로부터 파생된 지수, 인덱스 등을 활용하여 분석을 진행한다. 이러한 지표들은 주로 수치와 통계에 기반하며, 무엇보다 데이터의 양과 품질이 우선적으로 고려된다.

예를 들어, 경제 분야에서는 국내 GDP 성장률, 일자리 창출률, 기업 수익률 등의 지표를 통해 경제 상황을 분석한다. 또한, 금융 분야에서는 주가, 외환 환율, 금리 등의 지표를 분석하여 시장 동향을 예측한다.

이러한 정량적 방법은 주로 컴퓨터와 프로그래밍 언어를 이용하여 데이터를 수집, 가공, 분석하는 등 자동화된 방법으로 처리된다. 이를 통해 대용량의 데이터를 신속하게 처리하고 분석할 수 있으며, 보다 정확한 예측 및 의사결정을 가능하게 해준다.

또한, 정량적 방법은 정성적 방법과 함께 사용될 때, 더욱 효과적인 결과를 얻을 수 있다. 예를 들어, 정량적 방법으로 분석한 데이터 결과를 바탕으로 정성적 방법으로 분석하여 보다 깊은 인사이트를 찾아낼 수 있다. 여기에는 데이터 분석, 통계 처리 등도 도구로 된다. 아울러 소비자와의 인터뷰와 설문조사 등을 활용하기도 한다.

정성적인 소비심리분석은 주로 인터뷰, 설문조사, 브레인스토밍 등의 다양한 방식의 자발적인 커뮤티케이션을 통해 심리적 양터 발견과 키워드 도출을 시도한다. 이러한 방식은 주로 데이터의 질을 향상시키기 위해 적극적으로 활용되며, 예측력과 분석력 강화에도 큰 도움을 준다.

예를 들어, 마케팅 분야에서는 소비자 인터뷰 및 설문조사를 통해 소비자의 요구사항과 만족도를 파악함으로써 새로운 상품 및 서비스 개발에 활용할 수 있다. 또한, 브레인스토밍 세션을 통해 다양한 아이디어를 제시함으로써 제품 및 서비스의 가치를 높일 수 있는 창의적인 솔루션을 도출할 수 있다.

정성적 방법은 주관적인 데이터를 수집할 수 있다는 한계가 있지만, 주관적인 데이터도 적극적으로 활용함으로써 좀 더 역동적이고 새로운 영역을 개척할 수 있는 기반을 마련할 수 있다. 또한, 이러한 주관적인 데이터는 마케팅, 디자인, 브랜딩 등의 분야에서 활용될 수 있으며, 시장현황을 제대로 파악하는 데에도 큰 도움을 준다.

특히 관련 신산업은 다양한 측면과 방법을 중심으로 심도있는 커뮤니케이션이 필요하다. CSR(Cooperate Social Responsibility), CSV(Creating Shared Value), 그리고 특히 근간에는 친환경, ESG(Environment, Social, Governance) 등이 중요한 사회적 이슈가 등장하고 있다. 이에, 친환경 및 지속 가능성, 핵심전략 분야의 성장을 위한 방법, 이에 따른 신산업 육성, 기술혁신 등과 아울러 글로벌 시장 진출에 대한 고려가 필요할 것이다.

혹자는 2020년부터 시장에서 중요한 요소인 인구를 통해 다음과 같이 시장을 분석하고 있다. 이는 현재와 미래의 인구를 통해 시장을 읽고, 기회를 발견하는 것을 강조하고 있다.

시장과 기업에 인구학적인 사고가 필요한 이유는 무엇보다 인구가 생산과 소비의 주체이기 때문이다. 인구는 사회를 구성하는 가장 기본적인 단위이며, 시장의 규모도 인구에 의해 결정된다. 재화, 노동, 금융, 부동산 등 모든 산업은 시장이 있게 마련이며, 이 모든 시장은 사람에 의해 결정되고 움직인다.

예컨대,
2020년 예상 출생아 수 약 30만 명–영유아 시장 규모가 2006년 대비 1/4 축소
2021년 1961년생 은퇴자 수 89만 명 육박–교육수준 높은 세대의 창업인구 급증 예상
2023년 18세 이상 인구 약 42만 명–대학들, 신입생 충원을 위해 등록금 인하 경쟁
2024년 어린 자녀를 둔 젊은 층 줄면서 지방 대형마트 철수 도미노
2025년 65세 이상 고령자 중 75세 이상 비율 41% 웃돌아
2027년 큰손 고객 '50대 사모님'의 고령화로 지방 백화점 중심의 상권 몰락 시작
2028년 90대 인구 50만 명 돌파
2030년 20대 인구 460만 명
2040년 인구 4명 중 1명 70세 넘어–사회보장 비용 급증(조영태, 2018)

아울러 우리나라의 향후 핵심 성장동력을 알아보기 이전에, 우리나라가 현재 맞이하고 있는 문제나 현상에 대해 논의할 필요가 있다. 문제나 현상 파악은 여러 가지이지만, 소비시장을 중심으로 본다면, 인구학적인 측면에서도 중요할 것으로 보인다.

우리나라는 초저출생, 초고령화 사회로 급속하게 진전하고 있다. 예컨대, 우리나라 2022년 합계출산율은 사상 최저치 0.78명이며, 이는 OECD 가입국 중에서 최저 출산율의 수치를 보이고 있다. 합계출산율

(total fertility rate)이란, 15~49세까지의 한 여성이 평생 낳을 것으로 예상되는 아이의 수를 의미한다. 우리나라의 계산 방법은, 가임 연령인 15~49세의 여성을 대상으로 연령별 조사 연도의 실제 출산율을 조사하여 합하는 방식을 취하고 있다(연합뉴스, 2023).

그렇다면, 왜 우리나라의 출산율은 낮아지고 있는가?

BBC의 기사에서는 한국 남성의 가사, 육아 분담률을 원인으로 지적하고 있고, 높은 육아 및 교육 비용, 치솟는 부동산 가격을 원인으로 지목하고 있다. 한국일보에서는 BBC가 언급한 내용과 더불어 전미경제연구소(NBER)의 연구 자료를 근거하여 성차별적 사회구조와 가부장적 문화 체제를 저출산율의 원인으로 분석하고 있다.

NBER의 연구에서 주목할 부분이, 여성의 경제활동 참여율 증가가 출산율 하락에 영향을 주지 않는다는 점과 젊은 세대의 고용, 거주 불안이 저출산을 야기하는 것은 아니라는 점이다.

예컨대 미국과 노르웨이에서는 1980년에 비해 2000년도에 오히려 출산율이 증가했다. 이들 국가에서는 여성의 일과 양육 병행을 장려하는 문화가 조성되어 있다고 한다. 반면에 스페인과 이탈리아에서는 같은 기간 출산율이 감소했다. 문화가 보수적이기에 여성이 일과 양육을 병행하기 상대적으로 어렵다고 한다.

한국일보가 전하는 NBER 연구의 인사이트 중 출산율이 높은 선진국이 가진 4가지 특징은 다음과 같다.

첫째, 남성의 적극적인 가사 · 육아 노동 참여

둘째, 워킹맘에 우호적인 사회적 분위기

셋째, 정부의 적극적인 가족 정책

넷째, 육아를 마친 남녀의 취업 문턱이 낮은 유연한 노동시장

정부의 지원금 제도도 실효성이 낮아 보이는 상황에서, 정부는 기업들과 함께 대한민국의 남성들 노동에 참사회 분위기 조성을 위해 힘쓰고,

제도적으로 뒷받침할 수 있도록 방안을 강구하는 것이 필요하다.

기업들은 실질적으로 직원들의 육아휴직, 탄력근로제, 육아를 마친 남녀의 재취업에 대해서 색안경을 끼지 않고, 긍정적으로 지원하고 받아들이는 자세를 가져야 한다. 그렇지 않으면 직원 구하기가 어려워진다.

사회 분위기 조성을 위해서, 기업 차원에서 브랜드들의 코즈 마케팅을 출산율 장려나 남성의 가사, 육아 노동 참여 쪽으로 캠페인화하는 방안도 생각해 봐야 할 것이다.

2023년의 인구 피라미드(통계청, 2023)를 보면 초고령화 사회의 진입이 머지않았음을 확인할 수 있다. 구체적으로 살펴보면, 다음 〈표 1〉과 같이 연령계층별 구성비, 총부양비, 노령화지수의 변화를 1960년, 2023년, 그리고 미래인 2070년의 변화를 볼 수 있다. 특히 미래인 2070년을 예측한 것을 보면, 인구는 1960년에 비하면 증가하지만,

〈표 1〉 연도별 연령계층별 구성비, 총부양비, 노령화지수*

연도	전체 인구 (단위: 명)	유소년 인구 (0~14세) 비율	생산연령 인구 (15~64세) 비율	고령 인구 (65세 이상) 비율	중위 연령	총부양비** (생산연령인구 100명당)	노령화 지수 (유소년 인구 100명당)
1960	25,012,374	42.3%	54.8%	2.9%	19.0세	유소년(77.3) +노년(5.3) =전체 82.6	6.9%
2023	51,558,034	11.0%	70.5%	18.4%	45.6세	유소년(15.6) +노년(26.1) =전체 41.8	167.1%
2070	37,655,867	7.5%	46.1%	46.4%	62.2세	유소년(16.2) +노년(100.6) =전체 116.8	620.6%

*노령화지수는 65세 이상 고령자가 15세 미만의 어린 사람보다 얼마나 더 많은지를 뜻하며, 100%라면 두 집단의 인구수가 같다는 의미이고, 200%라면 65세 이상 인구가 15세 미만에 비해 2배라는 의미이다.
**총부양비는 생산가능인구(15~64세)에 대한 유소년인구(0~14세)와 고령인구(65세 이상)의 합의 백분비이다.
▪ 유소년부양비 = 생산가능인구(15~64세)에 대한 유소년인구(0~14세)의 백분비
출처: KOSIS 국가통계포털, 인구로 보는 대한민국, 2023을 참고로 저자가 재편집

2023년에 비하면 감소하고, 유소년인구는 급격히 감소하고, 생산연령인구는 1960년, 2023년에 비해 감소하고, 고령인구는 매우 증가함을 볼 수 있다.

〈표 1〉에서, 노년부양비 = 생산가능인구(15~64세)에 대한 고령 인구(65세 이상)의 백분비로 생산가능인구를 100으로 봤을 때, 100명이 41명을 먹여 살린다는 의미이다. 따라서 2070년에는 100명이 620명을 부양해야 함을 의미하므로 갈수록 젊은 세대의 부담이 커짐을 알 수 있다.

반등이 나오지 않는다면 미래 대한민국 인구의 감소는 불가피한 상황이다. 여기서 우리가 중점적으로 봐야 할 부분은 바로 우리나라는 노동력을 기반으로 한 수출 중심의 제조업 국가라는 것이다. 따라서 인구가 감소한다는 것은 내수 경제가 악화되고, 소비시장이 축소되어 결국 우리의 성장동력을 잃을 수도 있다는 것을 의미한다. 이에 우리는 미래의 저출생 고령화를 감안한 기존 산업 패러다임의 변화가 필요한 실정이다.

노인인구 1,000만 명 돌파 시점이 2년 앞으로 다가온 가운데 노인 가구 10가구 중 4가구는 중위소득 절반에 못 미치는 빈곤 가구인 것으로 나타났다. 경제협력개발기구(OECD) 국가 중에서도 빈곤율이 월등히 높은 것으로 나타났다.

통계청이 2023년 9월 26일 발표한 '2023 고령자통계'에 따르면 우리나라의 65세 이상 노인 인구는 950만 명으로 전체의 18.4%를 차지했다. 한국 사회는 빠른 고령 인구 증가로 2025년이면 노인 인구는 1,000만 명을 넘어서 인구 5명 중 1명이 노인인 초고령사회에 진입할 전망이다. 오는 2035년에는 30%, 2050년에는 40%를 넘어설 전망이다.

기대여명은 2021년 기준 65세는 21.6년, 75세는 13.4년으로 전년보다 각각 0.1년씩 늘었다. 기대여명은 기준 연령 후 몇 년을 더 살 수 있는지 계산한 평균 생존연수로 향후 65세 노인은 86.6세, 75세 노인은 88.4세까지 살 수 있다는 계산이다.

2021년 66세 이상 노인 인구의 상대적 빈곤율(중위소득 50% 이하)은 39.4%다.

상대적 빈곤율은 중위소득 50%에 해당하는 '빈곤선' 이하인 가구가 차지하는 비중을 의미한다. 노인들의 상대적 빈곤율은 점진적으로 낮아지는 추세지만 OECD에서는 여전히 높은 수준이다. 2020년 자료 기준으로 OECD 회원국 중 한국(40.4%) 다음으로 상대적 빈곤율이 높은 국가는 라트비아(35.0%), 에스토니아(34.6%) 등이다. 주요국 중에서는 호주(22.6%), 미국(21.6%)이고, 뉴질랜드(16.8%), 영국(13.1%) 등이 높은 수준을 기록했으나 우리나라와 격차가 컸다. 소득불평등도를 나타내는 지니계수는 코스타리카(0.502), 멕시코(0.451), 미국(0.397) 다음으로 높은 0.376을 기록했다. 지표가 '0'이면 완전 평등, '1'이면 완전 불평등을 의미한다.

소득 분배지표는 2016년 이후 개선되고 있으나, 우리나라 은퇴연령층의 상대적 빈곤율은 OECD 가입국 중에서도 아직까지 크게 높은 수준이다. 지난해 65세 이상 노인 인구의 순자산액은 4억 5,364만 원으로 1년 전보다 4,316만 원 증가했다. 이는 전체 가구 자산액인 4억 5,602만 원과 비슷한 수준이다. 노인들이 가진 자산 중에는 부동산이 자산에서 차지하는 비중이 82.4%로 가장 높았고, 저축은 12.4%로 타 연령대에 비해 낮았다.

일하는 노인은 계속해서 증가하는 추세다. 지난해 65세 이상 고령자 고용률은 36.2%로 1년 전보다 1.3%포인트(p), 10년 전보다 6.1%p 상승했다. 고령자의 고용률은 15세 이상 전체 고용률(62.1%)에 비해서는 낮은 수준이나 2015년 이후 상승 추세다. 2021년 OECD 회원국(38개국)의 65세 이상 평균 고용률 15.0%를 상회하는 국가는 한국(34.9%), 일본(25.1%), 스웨덴(19.2%), 미국(18.0%) 등 11개국이며, 우리나라가 가장 높은 수준이다.

실업률은 2018년까지 3% 미만을 유지하다 이후 계속 올라 2019년 3%를 넘어섰다. 지난해에는 실업률이 전년 대비 0.2%p 상승한 3.8%를 기록하나 지난해에는 0.8%p 하락한 3.0%를 기록했다. 고용률과 더불어 실업률이 상승했다는 것은 과거보다 구직활동에 나서는 경제활동인구가 늘고 있다는 의미다. 평균 은퇴 연령인 65세를 넘어서도 취업 전선에 나서는 노인 인구가 증가하고 있다는 것으로 해석할 수 있다.

지난해 본인이 건강 상태가 좋다고 생각하는 65세 이상 일하는 고령자는 37.5%로 비취업 고령자(21.9%)보다 15.6%p 높았다. 65세 이상 일하는 고령자가 일상생활에서 스트레스를 느낀다는 비중은 34.4%로 비취업 고령자(36.4%)보다 2.0%p 낮았다.

2021년 일하는 고령자의 생활비 마련은 본인과 배우자 부담이 93.0%이고, 소득 20.7%, 소비생활에 13.9% 만족하고 있다고 응답했다.

2021년 일하는 고령자 중 81.9%는 향후 자녀와 동거를 희망하지 않았고, 비취업 고령자(72.9%)보다 9.0%p 높았다. 65세 이상 일하는 고령자의 68.1%는 노후를 준비하고 있고, 비취업 고령자(51.4%)보다 16.7%p 높았다. 2021년 65세 이상 일하는 고령자가 노후를 보내고 싶은 방법은 취미(36.1%), 여행 · 관광(25.4%), 소득 창출(21.3%) 순이었다.

*출처: 2023 고령자 통계(통계청, 2023) 중에서

3 소비시장 분석을 통한 현황과 미래

이제 시대는 경쟁시대에서 협력시대로, 그리고 융합시대로 변화하고 있다.

우리가 미래를 얘기하고 파악하는 데는 다양한 노력이 필요하다. 비전을 달성하기 위한 계획과 이를 발전시키기 위해서는

첫째, 현재 진행되고 있는 과정들이 나의 비전과 일치하는 방향으로 움직이고 있는지, 그리고 그것들이 내가 원하는 방향으로 가고 있으면 어떻게 하면 더 빨리 진행할 수 있으며, 또 그 방향을 지속적으로 유지할 수 있는지를 파악해야 한다.

둘째, 우리가 바라는 미래 방향이나 희망을 가로막는 장애물이 있다면 그것은 무엇이며, 그것을 어떻게 극복해 사회적 해결방안으로 제시할 수 있는지가 중요하다.

셋째, 우리가 원하는 미래를 만들어가는 데 필요한 비전을 제시하고, 대안을 발견해 이를 강화, 같은 방향으로 지속해서 갈 수 있도록 격려해야 한다(박영숙 외, 2011).

디지털 기술과 소비시장의 융합이 산업 분야에서 중요한 역할을 하고 있는 가운데, 완전자율주행 자동차 산업과 생명과학 산업은 미래 성장동력으로 각광받고 있다. 따라서, 두 분야에서는 디지털 기술을

적극적으로 활용하여 첨단기술의 개발과 산업 생산성을 높일 필요가 있다. 또한, 보건의료, 환경 등 다양한 측면을 고려하여 핵심전략 분야를 설정하고, 그에 따른 기업 경영 전략을 수립해야 한다.

완전자율주행 자동차 산업에서는 차량 안전성과 자율주행 기술을 개발하는 것이 중요하다. 이를 위해, 자율주행 자동차가 대처 가능한 다양한 상황들을 예측하고 대응할 수 있도록 다양한 디지털 기술들이 활용된다. 또한, 차량 내부의 적극적인 연결기술(IoT)을 도입해, 자동차와 사용자 간의 연결성과 유연성, 편의성 등을 높일 필요가 있다. 이를 통해, 차량이 운행 중에도 전자기기와의 상호작용 및 서비스 이용, 엔터테인먼트 등의 영역에서도 새로운 기회를 찾아 산업 생산성을 높일 수 있다.

생명과학 산업에서는 성장인자, 고성능 액체크로마토그래피, 면역세포치료 등 기존 분야에서 더욱 발전시켜 새로운 기술을 개발하는 것이 중요하다. 이를 위해, 다양한 디지털 기술들을 도입하여 생물학적 데이터를 분석, 모델링, 시뮬레이션하여 새로운 치료제 및 진단 방법을 개발하거나 현재 치료법을 최적화하는 데 기여할 수 있다. 또한, 인공지능이나 빅데이터 분석 등을 활용하여 개인 맞춤형 체질에 적합한 치료 방법을 찾아내는 것이 가능해질 수 있다.

종합적으로, 디지털 기술과 생명과학, 완전자율주행 자동차 산업 분야에서는 디지털 기술을 활용하여 새로운 기회를 찾아내고, 이를 기업 경영 전략으로 수립하는 것이 중요하다. 이를 통해 성장 잠재력을 높이고, 기업 생산성을 높여 새로운 경쟁 우위를 차지할 수 있다.

거대한 변화에 대한 환경은 시장, 경제성장, 진정한 성장, 소비, 기업, 자본주의의 핵심 등을 고려해야 하며, 그 기저로는 인구인 소비자의 변화를 들 수 있다. 미래 소비시장을 뒤흔들 인구 현상 8가지를 든다면 무엇인가? 소비, 소비자의 관성을 읽으면 미래 시장이 보이며,

다양한 콘텐츠에 집중하자. 그리고 규모는 줄이고 시장은 넓히며, 새로운 규모의 경제를 활용해야 할 것이다. 초저출산, 만혼, 비혼, 도시 집중, 가구 축소, 수명 연장, 질병 부담 급증, 외국인 유입 확대 또는 축소 등등이 있을 것이다. 그러므로 인구학적 분석과 전망은 기본적으로 중요하다.

현재 소비시장은 활발한 형태를 띠고 있으며 여러 형태로 실시간에 변화하고 있다. 2023년은 코로나19 격리의무가 해제되며 코로나19 종식 상황이 되었으며, 그에 따른 소비형태도 코로나19와 달리 순식간에 변화되었다. 그렇다면 현재 소비시장의 큰 트렌드는 무엇일까? 대표적인 것을 들어보자.

첫째, 체리슈머(Born picky, Cherry-Sumer)가 등장했다. 1인 단독가구의 확산으로 인한 소비변화, 세계적인 경제 위기로 인해 한정된 자원을 효율적으로 사용하고자 다양한 소비전략을 펼치는 체리슈머들의 등장을 들고 있다.

둘째, 알파세대(Jumbly Alpha Generation)가 등장했다. Z세대 다음인 알파세대는 2010년 이후에 태어나 디지털 환경에 매우 익숙하며, 베이비붐 세대를 뛰어넘어 인류 역사상 가장 큰 규모의 잠재고객을 향한 시장의 기대가 벌써 커지고 있다. 알파세대는 디지털 환경에 노출되어 왔기에 앞으로의 소비시장에서는 다양한 미디어와 테크놀로지의 융합된 변화들이 일어날 것으로 예측하고 있다.

이러한 트렌드에 발맞춰 본다면, 대한민국 미래 핵심 성장동력 중 소비자의 인체에 부착이 가능한 착용형 스마트 기기와 맞춤형 웰니스케어 등도 성장할 것이다. 착용형 스마트 기기는 미래 유망산업으로 부상하면서 2026년경에는 1천 500억 달러로 세계시장 규모가 활발하게 확대될 것으로 전망하고 있다. 이와 관련된 제품이 나오며 웨어러블(wearable)이라는 용어도 등장하게 되었다. 웨어러블이란 입을 수 있는 어떤 것을 뜻하며 착용형 스마트 기기와 유사한 표현으로 입을 수 있는 전자기기를 지칭한다. 맞춤형 웰니스 케어는 개인의 건강과 행복 증진을 위해 S/W, 콘텐츠, ICT 등의 디지털 기술과 헬스케어, 라이프스타일, 유전체 정보 등이 융합해 완전히 새로운 생태계를 가진 제품 및 서비스를 만들어내는 창조적 서비스이다(Kiet 산업경제-맞춤형 웰니스 케어 산업의 한중 시장 동향과 시사점). 이 두 가지 기술들이 대한민국의 미래 핵심 성장의 동력이 될 수 있을까?

현재 우리의 생활에 다양한 전자기기들이 신기술을 이용하여 출시되고 있다. 그 중 착용형 스마트 기기를 예로 들어보면, 현재까지 출시된 착용형 스마트 기기는 무선 이어폰, 스마트 워치로 크게 나눌 수 있다. 또한 스마트 워치가 가장 뚜렷한 두각을 보이며 삼성, 구글, 애플, 샤오미 등과 같은 세계적인 기업들이 개발에 활발히 참여하고 있다. 기업들의 활발한 개발에 성원하듯 스마트 워치는 대부분의 사람들이 구매하여 착용하기 시작했다. Zero-Party Data Maker 포인트몬스터에서 진행한 소비자 설문 결과, 스마트 워치를 착용해 본 사람은 54%로 조사되었다. 그리고 가장 많이 착용하는 스마트 워치는 갤럭시워치 44%, 애플워치 32%로 나타났으며, 스마트 워치가 필수품이라는 응답은 갤럭시워치 55%, 애플워치 69%로 조사되었다. 소비유형에서는 스마트 워치가 자신의 개성을 드러낼 수 있고 트렌디한 이미지를 얻을 수 있어 하나의 패션으로 인식하는 개성 중시형이 50%, 스마트 워치의 기능이 중시한 유형이 47%로 나타났다. 이는 스마트 워치가 기능으로써 사용될 뿐만 아니라 패션의 한 역할 또한 차지하게 된 것이다. 어디 스마트 워치만이 그런가? 또 어떤 것이 기다리고 있는가?

미래창조과학부 미래준비위원회, 미래 이슈 분석보고서(2015년)에 의하면, 2015년 기준으로 10년 후(2025년)의 관점에서 현세대가 가장 중요하게 생각하는 이슈는 다음과 같다.

▲저출산 · 초고령화 사회, ▲불평등 문제, ▲미래세대 삶의 불안정성, ▲고용 불안, ▲국가 간 환경 영향 증대, ▲사이버 범죄, ▲에너지 및 자원 고갈, ▲북한과 안보/통일 문제, ▲기후변화 및 자연재해, ▲저성장과 성장전략 전환

이를 구체적으로 몇 가지 살펴보면, 다음과 같다.

1. 고용 불안정성과 청년 실업: 청년들의 고용 불안정성과 실업 문제. 취업 기회 부족, 취업 후에도 일자리의 불안정성 등으로 인해 청년들의 경제적 불안정과 미래에 대한 불안감 증가.
2. 성평등 및 여성 차별: 여성들의 사회 참여도 증가하고 있지만, 여전히 여성들이 직장에서의 차별과 가정 내 폭력 등에 직면하고, 성평등을 위한 노력 필요.
3. 고령화와 노인 복지: 한국은 고령화가 심각한 상황. 고령화로 인한 노인 복지 및 의료 문제가 큰 이슈이며, 노인들의 경제적, 사회적 지원이 필요한 상황.
4. 교육 부담과 경쟁 사회: 한국의 교육 체계는 높은 경쟁과 과잉 학업 부담에서 비롯. 교육에 대한 높은 기대와 경쟁은 심리적 스트레스와 정신적 문제는 물론 사회적 문제점을 유발.
5. 부동산 가격 상승과 주거 문제: 한국은 부동산 가격이 높아지며 주거 비용 증가. 특히 대도시 지역에서는 주택 구매와 임대 점점 어려워짐.
6. 환경문제와 대기 오염: 대기 오염이 심각한 문제로 부상하고 있으며, 환경 보호 및 지속 가능한 발전에 대한 관심이 증가 중이며, 최근에 다양한 기상이변과 자연재해는 이제 더 이상 영화 속 장면이 아님.
7. 저출산: 결혼에 대한 사회적 인식의 변화와 고물가 시대의 자녀 출산 및 육아에 대한 부담 가중.
8. 정치적 분열과 사회적 갈등: 정치적 의견의 분열과 이에 따른 사회적 갈등이 심화. 편 가르기, 이데올로기 이념 대립은 점차 국가의 효율성을 떨어뜨리고 불안정을 심화.
9. 사회적 분노: 최근의 강력 살인범죄 발생의 원인은 개인의 일탈만이 아닌 사회 구조적 문제에서 야기. 기술의 발전과 소통의 단절, 양극화와 계층 상승의 단절, 부정부패, 나만 아니면 된다는 개인주의 팽배와 사회 부적응자의 종합 결과물.

이를 현재와 비교하면 어떠한가?

경쟁은 보통 제한된 자원을 가진 환경에 공존하는 생물 사이에서 자연스럽게 일어난다. 경쟁은 발전의 원동력이다. 경쟁이 무조건 좋은 것은 아니다. 과도한 경쟁은 오히려 과도한 화를 불러와 독이 될 수 있다. 그리고 경쟁의 본성은 너무나 결과지향적이기 때문에 욕망으로부터 자유로울 수 없고, 상대의 실패나 패배를 전제로 얻는 승리감과 성취욕에 대한 집착에 불과하다. 그런데 집착은 인간에게 경쟁 없이는 세상을 살아갈 수 없는 굴레가 되며, 다른 사람과 비교하면서 느끼는 성취나 쾌락은 다시 상대적인 위치에서 좌절감과 고통으로 변한다.

반면에 협력은 서로의 관계를 한 가지의 가치 기준에서 개인의 능력만을 비교하는 것이 아니라, 서로 다른 다양한 가치를 존중하며 공동으로 성취해가는 과정에서 함께 누리는 기쁨이다. 그리고 팀워크를 통해 남을 이해하고 공존하며 같이 나아가는 것을 배울 수 있고 일을 분담할 수 있다. 그러기에 큰일을 작게 나누어 효율성을 높일 수 있다.

협력의 중요성에 대한 사례는 대기업과 중소기업 간, 노사 간, 생산자와 소비자 간, 경쟁기업 상호 간 등등도 있다. 그리고 협력과 공조는 국내 및 글로벌 경제사회를 바르게 이끌어가는 데 매우 중요한 요소이다. 그렇지만 인간의 속성을 고려할 때 무조건적인 협력은 존재하기 어렵다.

세상에서 완전 경쟁과 완전 협동은 어렵다. 따라서 현실적인 대안으로 협력에 바탕을 둔 경쟁을 추구하는 것이 바람직하다. 이것이 바로 협력(cooperation), 경쟁(competition)을 합성한 코피티션(co-petition)이다. 더 좋은 성과를 만들어내기 위한 경쟁이 촉발되는 경제사회, 소비시장을 만들어야 한다. 이러한 경쟁은 사람과의 경쟁이 아니라 일, 제품의 경쟁인 것이다.

시장은 CSR(사회적 책임)에서 CSV(공유가치창출)로 전환하였고, 또한

ESG도 확산하고 있다. 아울러 최근 재계에서 화두가 되고 있는 DEI(Diversity, Equity, Inclusion) 가치경영이 있다. 다양한 분야별 시각에서 보는 창조를 통해 다양한 창의성을 강조하며, 공정하고 포용성 있는 가치를 강조하고 있다. 이 또한 융합과 연합을 하기 위한 기초로 보인다.

우리가 소위 소비의 목적이라고 하는 행복, 행복한 삶의 근원은 어디에 있는가?

물질적인 돈, 아우라가 넘치는 명품, 과시적인 욕구를 충족하는 자원, 가족, 안락한 가치, 보다 많은 인적 자원 관계 등등 …… 혹자는 '가정'이라고 한다. 참으로 오래된 말이지만 …… 가화만사성(家和萬事成: 자식이 효도하면 어버이가 즐겁고, 집안이 화목하면 만사가 이루어진다.)과 수신제가치국평천하(修身齊家治國平天下: 자신의 심신을 수양해야 집안과 나라도 다스릴 수 있고, 천하도 평안하게 한다.)를 생각해 보자.

생각해 보기

1. 소비시장 분석이 왜 중요한지 예를 들어 설명해 봅시다.

2. 소비시장 분석의 다양한 방법을 실제로 응용해 봅시다.

3. 소비시장 분석의 변화를 알아보고, 미래를 예측해 봅시다.

3장

소비시장과 트렌드

도입

현대사회의 소비시장에서는 트렌드와 유행이 빠르게 변화하고 있으며, 상품의 수명주기도 짧아지고 있다. 소비자의 선호나 취향은 과거에는 변화되는 일이 흔하지 않았으나 최근에는 소득수준의 증가와 생활수준의 향상으로 소비자의 선호나 취향도 급격하게 변화되고 있다. 또한 판매자들끼리 치열한 경쟁을 하고 있고, 판매방법 및 신상품의 변화가 빠르게 발생하고 있으며 소비자는 새로운 기술과 판매방법에 적응하기 위해 계속 변화하고 있다. 판매자 역시 소비자의 다양한 취향을 파악하기 위해 수많은 분석방법으로 소비자를 깊이 알려고 노력하고 있다.

일반적으로 트렌드는 변화의 동향, 추세라고 한다. 구체적으로는 우리의 생활이나 문화가 변화하는 모습을 말하는데, 이러한 트렌드는 가까운 미래에 발생하여 오랜 기간 지속성을 가지고, 사회 각 분야에서 다양한 움직임을 나타내는 현상으로 볼 수 있다. 따라서 트렌드는 그 시대를 대표한다고 할 수 있고 사회 전반적으로 반영되는 모습을 보인다. 우리는 이러한 트렌드를 확인하고 관찰하여 과거를 분석하고 현재를 파악하여 미래를 예측해 볼 수도 있다.

소비시장에서 트렌드를 예측하는 것은 의미가 있는 일이라고 할 수 있다. 트렌드를 예측하는 것은 곧 미래의 소비시장의 변화를 예측해 볼 수도 있고, 미래를 대비하며 다양한 가능성을 예측해 볼 수 있기 때문이다. 또한 좀 더 괜찮은 기회를 잡을 수 있는 활동이기도 하다. 그리고 트렌드는 소비자들의 라이프스타일의 변화에도 많은 영향을 미치기 때문에 트렌드 예측을 통해 소비자 라이프스타일의 변화와 나아가 소비시장의 변화를 예측하는 데에도 많은 도움이 된다고 할 수 있다.

따라서 트렌드에 대한 분석과 예측은 소비자와 기업 및 판매자에게 미래를 위한 기회가 되고, 변화에 대한 대응이 된다. 기업들은 이러한 트렌드의 빠른 변화를 이해하기 위해 직원들을 대상으로 교육을 강화하고 있으며, 트렌드 분석의 중요성도 인식하여 정기적으로 트렌드 분석을 실시하거나 자료를 제작하여 배포하고 있다.

소비자들도 트렌드에 대한 관심이 갈수록 높아지고 있는데 자영업자나 창업을 준비하는 소비자, 학생 및 취업준비생 등 일상생활 또는 업무와 관련하여 트렌드의 활용가치가 높음을 인식하고 있다. 따라서 트렌드 관련 서적에 대한 인기도 높아지고 있으며, 평소에 일상과 주변을 관찰하려고 하는 자세를 갖추려고 하며, 새로운 아이디어를 위한 자극으로서 트렌드를 인식하려고 한다. 인기 있는 골목이나 거리를 방문하여 일상생활에서 새로운 아이디어를 찾으려고 노력하는 모습을 볼 수 있으며, 이를 통해 소비시장에서의 트렌드를 이해하려고 한다.

1 소비시장 변화의 예측

최근 젊은 세대를 중심으로 윤리적 소비에 대한 관심과 실천이 활발하다. 과거 착한 커피, 착한 초콜릿 등의 '착한소비'라는 이름으로 시작하였고, 그동안 대중매체에서 윤리적 소비에 관한 내용도 많이 다루었으며, 기업이나 판매자들도 윤리적 소비에 대한 소비자들의 관심이 높아지면서 이를 중심으로 새로운 제품 및 서비스를 연구하고 있다. 또한 윤리적 소비와 함께 중고의류나 명품의 재판매 등 기존과는 새로운 소비가 소비시장에서 보이고 있다. 이러한 중고의류나 명품 재판매 시장의 주 소비층 역시 MZ세대를 중심으로 한 젊은 세대들이다. 중고의류를 구매하는 것은 적은 예산으로 괜찮은 제품을 소유할 수 있다는 장점이 있고, 나만의 취향이나 독특한 가치를 드러낼 수 있다는 젊은 세대들의 소비 습관과 가치관이 소비트렌드에 영향을 미친 결과이다. 이들은 의식 있는 소비, 신념을 드러내는 소비, 환경을 고려한 소비에 평소 익숙하고 관심이 많은 편이다.

이와 같이 현대사회의 소비시장은 빠르게 변화하는 소비자들의 새로운 관심사와 다양한 세대들의 특징으로 끊임없이 변화하고 있다. 이렇게 변화하는 소비시장을 예측하는 것은 미래를 예측하고 대비할 수 있다는 점에서 매우 중요하다. 또한 기술의 변화 역시 소비시장에서 미래를 예측하기 위해서는 주목해야 할 부분이다. 왜냐하면, 기술의 변화가 가장 먼저 나타나는 분야가 소비시장이고, 이를 구매하고 사용하는 주체가 바로 소비자이기 때문이다. 따라서 기술의 변화가 소비시장에서 어떻게 융합되어 나타나는지 다양한 분야에서의 변화양상을 눈여겨보아야만 미래의 변화를 예측해 볼 수 있다.

2 소비시장 변화와 융합적 사고

새로운 소비시장의 변화를 대하는 태도와 자세를 갖추는 것은 융합적 사고를 이끌어내는 데 도움이 된다. 소비자의 마음을 읽고 연관된 내용들을 파악하여 소비시장의 트렌드를 분석하고 활용하는 것은 새로운 변화를 알아챌 수 있으며, 남들과는 다른 시각으로 접근할 수 있다는 것이다.

일반적으로 소비시장의 트렌드를 알아보고, 소비자의 마음을 분석해 보기 위해 시장조사의 방법을 많이 활용하였다. 시장조사는 소비자에게 설문지를 배부하여 소비자 욕구를 파악하는 것으로 소비시장의 일반적인 분석방법이다. 그러나 현대사회에서는 소비자 자신이 무엇을 원하는지, 또 자신의 욕구를 기업에서 어떻게 충족시켜줄 수 있는지 소비자 스스로도 잘 모르는 경우가 많다. 즉, 과거의 설문조사와 같은 방식으로는 빠르게 변화하는 소비시장을 쫓아가기가 어려우며, 소비자의 마음을 정확하게 읽기도 어렵다.

따라서 소비시장의 변화를 예측하기 위해서는 소비트렌드를 파악할 수 있는 태도와 자세, 그리고 융합적 사고가 필요하다. 보통 소비트렌드를 알면 성공이 보이고 기회를 잡을 수 있다고 말한다(이은희 외, 2017). 이는 소비트렌드를 분석하면 새로운 아이디어를 생각하고 평가해볼 수 있으며, 융합적 사고를 통해 더 확장시킬 수 있기 때문이다.

과거 우리나라에서 커피문화가 자리를 잡는 데 큰 역할을 했던 스타벅스를 한번 생각해보자. 스타벅스는 기존의 카페와는 다른 차별성을 갖고 있었는데, 먼저 전문적인 능력을 갖춘 바리스타 직원과 친절한 서비스를 부각시켰으며, 공정무역 원두를 앞장서서 도입하는 것과 동시에 지역사회에서 사회적 책임을 다하기 위한 노력을 아끼지 않았다. 또한 카페라는 공간에서 커피만 마시는 것이 아니라 여러 사람과의 사회적 관계와 나만의 아지트로서의 기능을 제공하고 있다. 또한 각종 문서작업 및 회의문화가 시작되었으며, 소비자들이 비대면으로 주문한 메뉴를 제공할 때 고객의 닉네임을 불러주는 새로운 문화도 도입하였다. 이는 소비자들의 잠재된 욕구를 미리 알아채고 기술의 변화와 미래 소비시장의 변화를 예측한 융합적 사고의 결과물로서 소비시장에서 성공적으로 자리를 잡았으며 현재도 소비트렌드를 주도하고 있다.

미래는 소비자들의 생각보다 더 빨리 움직이고 있으며, 끊임없이 변화하는 소비시장에서 소비자와 생산자가 각자 생존하기 위해서는 트렌드를 추적하고 발견하는 융합적 사고가 필요하다. 소비트렌드는 소비자들의 라이프스타일과 가치관으로도 연결되지만, 항상 유행에 관심이 많고 따른다고 해서 소비트렌드를 잘 아는 것은 아니다. 이를 위해서는 열린 마음으로 이미 갖고 있는 고정관념을 없애고, 변화를 기꺼이 수용해야 하며, 모든 것을 연결하여 상상력을 발휘해야만 한다.

소비자들이 미래를 예측하기 위해서는 그 징후를 살펴볼 필요가 있는데 이러한 징후는 보통 현재에 나타나고 있다. 즉, 미래에 다가올 변화는 어느 순간 갑자기 발생하는 것이 아니라 현재에도 계속해서 일어나고 있다는 것이다. 보통 사람은 눈치채기 어려운 변화의 징후를 누구보다 먼저 발견하고, 그 안에 내재되어 있는 변화와 불투명한 미래를 예측하는 것은 소비시장 변화를 예측하는 데 중요하다고 할 수 있다. 다시 말하면 현재의 소비시장 상황이나 기술변화와 더불어 소비시장에서 새롭게 변화되는 내용을 평소에 눈여겨 살펴보고, 이를 근거로 과거와 현재를 연결하여 변화된 내용을 비교해봄으로써 미래 소비시장 변화 방향에 대한 주요 키워드를 밝혀내고 이를 통해 소비시장의 변화를 예측해 볼 수 있을 것이다.

소비자는 평소 변화를 느낄 수 있는 감각이 뛰어나야만 다른 사람들보다 빨리 변화를 읽어낼 수 있고, 변화의 징후가 되는 현재의 의미 있는 기호를 읽어낼 수 있지만, 이는 쉽지 않은 일이다. 따라서 트렌드 창조자나 트렌드 세터와 같이 변화를 주도하고 이끌어가는 집단을 관찰하고 소비트렌드의 발생지와 발생원인, 확산경로 등을 이해하는 것은 중요하다. 그 결과를 통해 각각의 사건들의 상호관련성을 살펴보고, 평소 지나치기 쉬운 것들을 유심히 살펴보며, 최신 정보를 민감하게 수용하고, 트렌드를 주도하는 사람들에게 가치 있는 장소를 방문해 보면서 현재 사라지는 것들과 새롭게 등장하는 것들을 눈여겨보아야만 한다. 언뜻 보기에는 관련이 없어 보이는 분야들을 서로 결부시켜 관계가 있는 것으로 만들 수 있는 융합적 사고가 필요한 것이다. 소비시장에서 여러 분야의 트렌드를 보고 그들의 관련성을 확인하여 결과를 예측할 수 있어야만 한다. 또한 기술변화가 중심이 되는 소비시장에 대한 정보검색 및 다른 사람들과의 의사소통을 많이 하고, 새로운 경험을 시도해 보는 것도 미래를 예측하고 기술변화가 소비시장과 어떻게 융합이 될지 준비하는 데 도움이 될 것이다.

이와 같이 종합적인 소비트렌드 분석의 자세가 필요하다. 소비트렌드를 정확하게 분석하기 위해서는 평소 일상생활에서 주변의 사람들이나 사물, 변화내용에 관심을 갖고 사회, 정치, 경제 등 모든 분야를 고려해서 융합적으로 분석하고 대응해야만 한다.

하지만 새롭게 등장하는 기술이나 소비트렌드, 지금의 소비시장 변화도 시간이 지나면 자연스럽게 사라지는 것이 된다. 즉, 눈에 보이는 것들을 관찰하는 것도 의미가 있겠지만, 그 안에 숨겨진 의미 있는 현상들을 관찰해야만 한다. 그리고 그것들이 어떻게 융합되고 활용되는지 살펴봐야만 미래 소비시장의 변화를 예측할 수 있을 것이다.

| 3 | 소비시장의 변화와 다양한 융합

오늘날의 소비자는 생존을 위해 먹기보다는 분위기를 즐기고 사람들과의 관계를 유지하기 위해 먹는 것을 즐긴다고 해도 과언이 아니다. 옷을 입는 목적도 주택을 소비하는 목적도 위생과 난방, 안전을 위해서라기보다 개성을 표현하고 스스로의 만족을 추구하기 위한 것이 크다고 할 수 있다. 그동안 의식주와 관련한 소비시장의 변화는 전통적으로 필수재적 요소가 강한 소비재로 간주되어 왔으나, 현대 소비시장에서는 생활수준이 향상되면서 선택적인 소비가 늘어나고 있다. 이는 소비자들마다 소비욕구와 취향, 그리고 가치관이 다양하기 때문에 이러한 변화가 발생한다고 볼 수 있다.

소비시장에서 환경이나 윤리적 소비와 관련된 변화도 그동안의 소비시장에서 변화된 내용 중 하나이다. 그동안 소비자들은 기부나 나눔에 대한 가치관의 변화를 겪었고, 기존에는 겪지 못했던 자연재해를 겪으면서 환경을 고려하는 소비에 대해 높은 수준의 인식이 발생하게 되었다. 이는 기존의 것들과 다양하게 융합되면서 자동차, 화장품, 생활용품, 가전제품 등 여러 분야에서 새로운 소비시장의 융합을 이끌어 내고 있다. 그렇다면 그동안 소비자와 소비시장에서 어떠한 변화가 발생되었고, 소비시장이 변화되면서 새롭게 융합된 소비시장의 모습을 구체적으로 살펴보면 다음과 같다.

1) 의식주 소비시장의 변화

첫째, 의류구매는 필요보다 패션에 대한 욕구나 유행 때문에 많이 발생한다. 이러한 점에서 의류는 더 이상 필수품이라고 보기 어려우며, 스스로를 표현하는 중요한 수단이 되고 각자의 이미지를 완성시켜 주는 것이다. 이를 통해 삶을 즐겁고 흥미롭게 만들며, 어떤 경우에는 즐거운 놀이이며 오락이기도 하고 기쁨으로 생각하는 사람들도 있다. 매체나 SNS에서 타인의 일상을 보고 그 중에서도 오늘 어떠한 옷을 입었는가를 살펴보면서 사람들은 즐거움과 대리만족을 느끼기도 한다.

옷으로 자신의 개성과 취향을 표현하려는 추세는 과거 여성들에게 훨씬 강했으나 이제는 남성들의 모습에서도 많이 나타난다. 액세서리나 스카프, 화려한 색상의 옷이나 화려한 무늬의 셔츠 등도 이제 남성들의 모습에서 자주 볼 수 있으며, 남성들이 외모를 가꾸기 위해 의복을 소비하며, 많은 금액을 지출하는 모습도 볼 수 있다. 최근에는 더욱 다양화되고 세분화되면서 중년층과 노년층을 위한 시장이 확대되고 있으며, 디자인과 종류도 다양해지고 있는 추세이다.

둘째, 옷뿐만 아니라 음식도 인간이 살아가기 위해 가장 기본적이고 필수적인 요소이다. 최근 소비자의 소득수준과 가치관의 변화에 따라

식생활에서도 많은 변화가 발생하고 있다. 꼭 생존을 위해 필요한 것만은 아니며 음식에 대한 기호와 취향도 사람마다 매우 다양하기 때문이다. 식생활의 변화는 여러 가지가 영향을 미쳤지만, 특히 가족수 감소, 핵가족화, 여성의 경제활동 증가, 도시화, 노인 인구의 증가, 1인 가구의 증가, 1인 노인가구의 증가 등의 영향도 크다.

또한 외식의 보편화와 배달음식의 증가도 많은 변화를 발생시켰다. 소비자들은 사회적 관계 유지를 위한 외식 비율이 계속 증가하고 있으며, 특히 차와 음료 및 주류에 대한 지출도 꾸준히 증가하고 있다. 소비자들이 맛이나 분위기 등 심리적 욕구를 충족시키기 위한 것으로 식생활이 변화되고 있는 것이다. 음식은 생존을 위한 영양섭취의 수단이 아니며 타인과 관계를 맺고 삶의 재미를 누리며 다양한 음식문화를 즐기도록 하는 수단으로 인식된다.

이러한 현상은 소비시장의 변화 및 인구구조의 변화, 라이프스타일이 변화되면서 앞으로 더욱 다양한 형태로 나타날 것으로 예측되고 있다. 오늘날 많은 사람들이 외식이나 배달을 하는 이유의 대부분은 시간을 절약하기 위한 것인데, 특히 1인 가구와 맞벌이 부부의 증가로 패스트푸드나 드라이브스루, 반찬배달 서비스, 집이나 직장에서 간편하게 조리해 먹을 수 있는 간편식 등도 증가하고 있으며 기존의 소비시장과 융합되어 새로운 제품과 서비스들이 출시되고 있다.

소비자들 중에서 특히 MZ세대와 1인 가구들은 음식을 고급스럽고 실속 있게 즐기려고 하며 식생활에서 가치를 추구하는 소비를 하면서 새로운 외식시장이 형성되고 있다. 집에서 외식하는 것과 같은 맛과 분위기를 즐기는 소비 형태도 증가하고 있다. 우리는 맛이 좋은 음식이나 분위기가 좋은 음식점 또는 새로운 음식을 찾아다니면서 즐거움을 찾는 사람들을 주변에서 쉽게 찾을 수 있다. 소비자들은 맛집을 찾아다니기 위해 여행을 떠나고, SNS에 인증을 하며 음식과 함께 분위기,

서비스 그리고 타인과 사회관계를 유지하며 욕구를 충족시키며 삶을 즐기고 있다.

마지막으로 소비자들이 좀 더 풍요롭고 안락한 생활을 추구하게 되면서 주생활에서도 생활의 질을 향상시키려는 욕구가 다양하게 나타나고 있다. 특히 디지털 기술이나 통신기술의 발전, 가족구성의 변화, 재택근무의 증가가 주택시장에 영향을 미치고 있으며, 라이프스타일도 변화시켰다.

2) 책임 있는 소비자의 출현

대량생산과 대량소비가 특징인 현대 자본주의 시대에서는 필요한 것이 있으면 구입해서 소유하였다. 하지만 소비자들이 필요에 의해 물건을 구입했음에도 불구하고 새로운 상품을 사용하고자 소비를 끊임없이 하면서, 필요해서 구입했던 물건은 더 이상 필요 없게 되었고 사용가치가 남아있는 물건이 그대로 버려지기도 했다. 이러한 과정에서 환경에 미치는 영향이 문제로 지적되기 시작하였고, 소비에 대한 새로운 관점에서의 융합이 요구되면서 더 이상 필요하지 않은 물건을 필요한 사람에게 빌려주거나 기부하고, 타인으로부터 내가 필요로 하는 물건을 빌려서 활용하는 공유의 개념도 등장하게 되었다.

소유의 개념이 그동안 중요하게 여겨졌으나, 공유나 교환, 재활용 등을 통해 새로운 가치로 극대화하는 것을 더 중요하게 생각하기 시작한 것이다. 소비가 넘쳐나는 시대에서 한정된 자원으로 생산된 제품을 최대한 많은 사람들이 사용할 수 있도록 함으로써 제품의 사용가치를 극대화하는 것이 중요해졌고, 환경에 미치는 영향도 최소화하며, 개인의 소유물을 다른 사람들과 함께 사용하면서 소유보다는 다양한 경험 및 체험의 중요성이 소비시장에 큰 변화를 일으켰다.

이러한 융합적 사고는 그동안 소비시장에서 공유경제를 지속적으로 발전시켰으며, 다양한 온라인 플랫폼도 등장하면서 소유에 대한 소비자들이 갖고 있던 기존의 가치는 변화되었다. 특히 자동차 공유나 숙박시설 공유 등은 이미 세계적으로 크게 성공한 공유경제 비즈니스 모델로 꼽히고 있으며, 비건음식이나 비건화장품도 생산되면서 소비자들의 관심이 높아지고 있는 실정이다.

이와 같이 환경문제가 본격적으로 대두되기 시작하면서 개인적인 소비에만 집중하던 소비자는 환경까지 고려해야 할 시대로 소비시장이 변화하였으며, 소비자에게 요구되는 책임도 함께 확대되고 있다. 일반적으로 불매운동은 특정한 기업의 제품구매를 거부함으로써 조직적으로 소비자주권을 행사하는 것이다. 소비자운동의 성격을 갖기도 하는 불매운동은 소비자들이 사회적 · 정치적 목적의 달성을 위해 특정한 회사의 상품구매를 자발적으로 거부하거나 타인도 이를 포기하도록 권유하는 행위이다. 이와 같이 소비자의 책임이 중요해지면서 불매운동에 참여하는 소비자들이 증가하고 있는데 최근의 불매운동은 SNS를 통해 그 파급력이 훨씬 강력해졌으며 적극적으로 참여하고 권유하는 소비자도 많아졌다. 이러한 결과가 기업이나 브랜드 이미지에 미치는 부정적 영향력도 크기 때문에 과거의 불매운동과는 다른 모습을 보이고 있다.

환경을 고려하는 책임 있는 소비자의 역할이 중요해지면서 타인의 삶에 대한 관심이 높아지고 있다. 제3세계 생산자들에게 정당한 이익을 돌려주자는 의미로 시작된 공정무역운동은 커피나 초콜릿 제품에서 많이 찾아볼 수 있다. 특히 평소 소비가 많은 커피의 경우는 소비자들이 쉽게 접근할 수 있는 영역으로 기업들도 많이 참여하고 있다. 이 외에도 동물실험, 동물의 권리 등을 중요하게 생각하는 동물복지는 인권을 넘어 생명 자체에 관심을 갖는다는 데 큰 의미를 두고 있다.

좀 더 윤리적으로 소비를 해야 한다는 소비자의 책임이 중요해지면서 비윤리적으로 길러지는 동물, 화장품을 만드는 과정에서 희생되는 동물 그리고 이러한 과정을 거쳐 생산된 제품을 소비하면서 소비자들은 그동안 윤리적이지 못한 소비를 해왔다. 그러나 동물실험을 적극적으로 반대하고 있는 기업들도 증가하였고, 많은 소비자들이 동물실험을 한 제품을 반대하고 적극적으로 불매운동도 하고 있다. 따라서 비윤리적인 제품을 거부하는 소비자의 책임 있는 판단이 필요하다.

책임 있는 소비자는 자신의 소비행동에 대해 책임을 지고 사회와 환경에 이득이 되는 소비를 실천하는 소비자로 윤리적인 판단능력과 가치관 형성, 사회와 환경에 미치는 영향을 고려해야 한다. 또한 정신적 만족을 물질적인 만족보다 소비생활에서 우선적으로 추구할 수 있도록 해야 한다.

3) 소비자 선호의 변화

소비자들은 상품의 소비와 함께 제공되는 체험이나 경험을 통해 삶을 즐기는 새로운 형태의 소비시장이 형성되었으며, 이러한 체험이나 경험은 소비자에게 성취감을 느낄 수 있도록 해준다. 집을 짓거나 쓰레기를 줍는 자원봉사나 낯선 곳으로 여행을 떠나 한 달 살기를 하거나, 캠핑을 떠나는 사람들, 마라톤 경기에 참여하거나 걷기 열풍 등이 다양한 삶을 체험해 볼 수 있는 것으로 이러한 활동을 통해 특별한 가치를 느끼기도 하고 보람이나 감동을 느낄 수도 있다. 또한 화장품이나 향수, 액세서리를 직접 만들어보는 원데이 클래스의 높은 인기, 경복궁 야간 입장 등 문화나 역사체험 관련 상품도 인기가 많은데, 이런 경험을 통해서 과거에는 체험하지 못한 새로운 감정을 느끼는 방향으로 소비자들의 선호가 변화하였다.

변화된 소비자 선호는 소비자 각자의 개성을 표현하는 방향으로도 나타나는데, 제품이나 브랜드의 개성이나 독특함이 중요시되고 있으며 개인의 취향을 만족시키기 위해 과거와는 다르게 더 세분화된 제품들로 출시되고 있다. 그리고 개인별 맞춤 서비스를 제공하고 있으며 소비자의 주관이 뚜렷하게 반영된 소비를 하고, 자아가 드러나는 소비를 선호하고 있다.

소비자들은 브랜드나 제품의 상징을 소비하기도 하며, 이는 스스로 추구하는 가치를 드러내면서 소비자들의 차별화 욕구가 반영된 소비이다. 또한 생산적인 소비자인 프로슈머의 활동도 확대되고 있으며, 소비시장에서 감성과 이성이 조화된 소비를 확인할 수 있다. 자신에게 가장 가치 있는 소비를 통해 동일한 제품이라 할지라도 추구하는 가치에 따라 소비자는 만족의 정도가 달라지며, 소비자들이 추구하는 가치는 경제적 · 심리적 · 사회적 · 규범적 · 환경적 가치 등으로 다양하다(김영신 외, 2012).

가치소비를 통해 소비시장에서 소비자들의 소비패턴도 양극화로 변화되었고, 명품소비의 확산과 저가품의 확산이 동시에 나타나고 있는 것을 볼 수 있다. 이처럼 책임 있는 소비자의 출현과 함께 소비자들의 선호와 선택의 변화로 융합된 시장에서는 주로 윤리적 소비의 모습으로 나타난다. 즉, 환경과 지구, 미래를 고민하는 신념과 의식이 있는 소비인 윤리적 소비를 실천하고 있다. 이는 환경을 고려한 소비, 지속가능한 소비, 중고품의 거래 및 교환 또는 기부나 나눔, 공유소비 등에서 볼 수 있으며, 업사이클 제품에 대한 소비도 증가하고 있다.

4 소비시장의 변화 요소

소비시장의 변화 요소는 단순하지 않고 복합적으로 융합되어 있다. 소비자들의 선호나 소비트렌드, 사람들의 신념과 가치관, 라이프스타일을 분석해 봄으로써 파악해 볼 수 있다. 또한 정치, 경제, 사회, 문화, 환경 등의 모든 영역에서의 변화 내용을 분석해 보고, 소비자들의 심리나 유행, 관습도 살펴보아야만 한다. 그중에서도 사람들의 가치관의 변화는 소비시장의 변화를 이끄는 중요한 요소 중 하나이다. 사람들이 어떠한 가치관을 가졌는가에 따라 소비자 선호가 달라지고 이는 소비자 선택이나 행동, 생활양식에 영향을 미치기 때문이다.

경제 상황에 따라서도 소비시장은 영향을 받는데, 호황기에는 유행이나 트렌드가 빠르게 확산되어 소비시장의 변화도 급속도로 나타나는 경향이 있고, 불황기에는 소비자 욕구나 수요가 전반적으로 감소되고, 보상소비와 가성비를 중시하는 소비시장의 변화가 주로 나타난다.

기술의 발달은 소비자들의 생활 수준을 전반적으로 향상시켰으며 정보통신 기술은 일상생활뿐만 아니라 직업선택이나 근무환경의 모습까지도 변화시켰다. 비대면 주문과 같은 새로운 상거래를 경험하게 되었고 시간과 지역을 뛰어넘는 거래도 가능하게 하였다. 의료기술의 발달은 건강하고 젊게 인생을 즐기고, 생명유지나 수명 연장으로 나타나 중장년층 소비자나 노인 소비자들의 건강, 외모에 대한 소비욕구를 자극하였으며, 그들이 원하는 젊음에 대한 욕구를 충족시키는 방향으로 소비시장은 변화하고 있다.

생각해 보기

1. 최근 소비시장의 변화로 주목받고 있는 트렌드는 어떠한 것들이 있는지 생각해 봅시다.

2. 소비자들의 달라진 라이프스타일은 어떠한 것들이 있는지 생각해 봅시다.

3. 앞으로 등장하게 될 새로운 트렌드에 대해 생각해 봅시다.

4장

성장산업의 현황 및 전망

도입

사회변화의 요소가 무엇을 먹고, 어떻게 사는가를 근간으로 한다면, 멀게는 수렵채집사회에서 근간의 디지털 네이티브 사회로 많은 변화를 야기하였다. 사회와 시장의 변화에서 주요 요인은 식량의 변화에서 기술의 변화로 전환된 것이다. 기술은 다양한 산업을 번성하고, 융합하여, 보다 소비자 중심적인, 수요 중심적인 생산을 야기한다. 이는 바로 시장의 순환이 중요하기 때문이다.

그러나 여기에서 중요한 것은 성장산업과 사양산업이 발생하여 시장의 쏠림과 한계가 발생하고, 다양한 변화를 초래한다는 것이다.

이에 보다 기술집약적인 미래 사회에서 우리는 성장산업을 예측하고, 발견하여야 할 뿐만 아니라, 보다 발전적인 측면을 발견하고 전망해야 한다.

여러 결과물에 따르면, 한국 경제가 그리 밝지 못하다는 전망을 내놓고 있는데, 예를 들어, 이승식(2023)에 따르면 경제 성장률은 세계 경기 둔화가 심화하고 있다. 이를 해결하기 위한 한국 내의 성장력은 부재하다는 전망을 하고 있다. 이는 지속해서 저성장을 의미한다고 할 수 있다. 성장률 1.5%의 저성장이 지속할 것을 의미한다. 결과적으로 한국 경제는 불황국면에 진입할 것이라고 전망한다. 급격한 금리 인상, 코로나19의 여파, 각 나라마다 자국 우선 정책 등이 그것이다. 이는 세계 경제의 전망을 우울하게 하는 또 하나의 요인으로 지목되고 있다. 미국 연방준비위원회의 급진적인 긴축기조가 과도한 수준의 민간부채를 일으켜 금융시장의 위기로 파급되고 이는 성장률 저하의 원인이라고 지목한 바 있다. 이는 반대급부를 만들 수 있는 충분한 내용으로 설비투자는 세계 경기 위축, 금리 인상의 자본조달 비용부담을 증가시켜, 결과적으로 -2.5%의 역성장을 기록할 것으로 전망한 바 있다. 여러 민간 산업 역시 역성장의 기조를 지속할 것으로 전망된다.

이러한 내용을 산업의 지속적 성장이라는 문제와 비교해 보면, 소비자 물가 상승은 여러 산업으로 인해 영향을 받게 될 것이다. 또한, 소비자 물가 상승은 소비자의 구매력 저하를 일으키고, 결국 산업 발전의 저해요소로 작용한다는 것에는 특별한 이견이 없다고 말할 수 있다.

1 | 성장산업의 현황

성장산업(成長産業, the growth industry)은 사양산업의 반대 용어다. 기술혁신이 발전되고 산업사회의 진전 속에서 급속하게 성장하는 산업과 반대로 정체하는 산업이 나타난다. 전자를 성장산업이라 하고, 후자를 사양산업(斜陽産業)이라고 한다. 현재 석탄은 사양산업이 되었고, 석유, 전력의 에너지 산업은 성장산업이 되었다. 그리고 철강, 전기 기계, 석유 화학, 자동차 등도 현재의 성장산업으로 꼽힌다.

그러나 이 산업들도 새로운 성장산업의 등장으로 사양산업이 될 가능성이 있다고 보아야 한다. 장래의 성장산업으로 정보산업, 주택산업, 해양산업, 원자력산업, 일렉트로닉스 산업 등이 각광을 받고 있다.

즉, 기술이 발전하고 경제가 성장하면서 기존의 산업들 중에서 급속하게 성장하는 산업이 성장산업이다. 다른 산업들과는 다르게 가장 높은 성장률을 유지하거나 수요신장률이 높거나 향후 발전 가능성이 높다면 성장산업이 될 수 있다. 사양산업과 성장산업의 개념은 상대적인 것으로, 시대의 발전에 따라 사양산업으로 분류되는 산업이 장래에 성장산업이 될 수도 있고, 반대로 성장산업으로 각광받는 산업이 장래에 사양산업으로 전락할 수도 있다.

따라서 성장산업은 높은 성장률을 유지하거나 수요신장률이 높은 산업을 의미하며, 그 반대말은 사양산업이다.

현재 높은 성장률을 유지하고 있거나 장래에 높은 성장이 기대되는 산업은 무엇인가? 예컨대, 컴퓨터 관련 산업, 정보산업, 생명공학산업 등의 하이테크 산업들과 레저 산업, 해양 개발 산업 등이 아닌가? 사양산업이 경제, 기술혁신 등의 변화에 적절하게 대응하지 못하여 쇠퇴해 가는 산업이라면 어떤 것인가?

미래 핵심 성장동력이란 경제적 발전과 산업구조의 변화를 이끌어내는 주요 요소로 혁신적인 기술과 산업 분야를 기반으로 한 국가의 경쟁력과 지속적인 성장을 지원하는 요인을 말한다. 이러한 핵심 성장동력은 다양한 산업과 기술 분야에서 발전하며 정보통신, 기술 제조업과 기계산업 의료 및 바이오산업 등 다양한 분야에서도 나타날 수 있다.

이러한 성장동력은 국가의 경제적 발전과 산업구조의 변화를 이루어내는 중요한 원동력이며 혁신과 창조성을 통해 지속적인 경쟁 우위를 확보하고 국가의 경제적 흥망을 이끌어내는 역할을 할 수 있다.

미래 성장동력 발굴 및 육성 추진 방향에 대한 자료를 공개하고 있는데, 거의 기술적인 측면만 언급하고 있다. 이 장에서는 대한민국 미래 핵심 성장동력으로서 AI와 로봇, 코스메틱 산업 등을 살펴보자.

1) AI와 로봇

현재 대한민국의 미래 핵심 성장동력은 AI와 코스메틱 산업이라고 할 수 있다. 대한상공회의소에서 국민 1,016명을 대상으로 조사한 결과에 따르면, 전 세대에 걸쳐 AI를 미래 유망산업으로 뽑았다. 그 이유는 기술발전으로 산업 발전 가능성이 높기 때문이다. 로봇의 경우 식당

내에서 서빙 로봇, 무인 커피 제작 로봇 등 이미 실생활과 밀접하게 연관되어 있다. AI 또한 Chat GPT의 가파른 성장으로 스스로 그림을 그리거나, 음악을 작곡하거나, 웹툰을 만드는 등 인간의 전유물이라고 생각되었던 예술활동을 하는 경지까지 이르렀다. 또한 미국 정보기술 혁신재단 회장인 로버트 앳킨슨은 "한국의 가장 취약한 분야이자 가장 기회가 될 수 있는 분야는 소프트웨어와 AI다. 한국은 전기 기계공학에 매우 강하다. 하지만 한국 대학의 소프트웨어나 AI 관련 랭킹, 학술 논문의 숫자, 소프트웨어 과학자나 공학자 숫자 등을 보면 인구 1인당이든 순수 국내총생산(GDP) 기반이든 미국과 비교조차 되지 않는다. 그런데 미래 세계는 소프트웨어와 하드웨어 간의 깊은 통합으로 이루어질 것이다. 두 번째로 로봇공학과 자동화 설비에 한국의 진정한 기회가 있다고 본다.

앞으로 많은 것이 로봇화될 것이다. 특히 한국처럼 고령화 문제가 심각하고 앞으로 20년간 부양할 고령 인구 비율이 늘어날 국가에서는 더 그럴 것이다. 세계 선두의 로봇 사용 국가가 어디인지 의견이 다를 수 있지만, 세계로봇연맹에 따르면 한국이다. 그성장을 위한 기업가 시스템을 어떻게 구축할 것인지 알아내야 한다. 한국은 대체로 많은 다른 나라에 비해 기업가적이지 않다. 그것이 도전 과제다."라고 인터뷰하며 AI와 로봇이 한국에서 크게 성장할 수 있는 분야임을 말하였다.

2) 코스메틱 산업

한국의 미래 핵심 산업 중 하나로 코스메틱 산업을 들 수 있다. 현재 K-뷰티는 일본 시장에서 역대 최대 실적을 기록하고 있다. KOTRA 도쿄 무역관에 따르면 2022년 기준 일본 화장품 수입액은 3,318억 엔으로 전년 대비 20.5% 상승했으며, 전체 수입액에서 한국 수입액

비중은 23.4%로 전통적인 화장품 강국인 프랑스를 제치고 처음으로 1위 수입국으로 등극했다.

일본뿐만 아니라 호주에서도 K-뷰티에 대한 인기가 급상승하고 있다는 분석이 있다. IBIS World에 의하면, 호주의 스킨케어 화장품 시장의 규모는 2022년 기준 6억 4,480만 호주달러로 예상되며 지난 5년간 연평균 6.3%의 높은 성장률을 보였다. 클렌저, 토너, 로션, 마스크팩 등이 포함된 페이셜 케어 제품이 69.5%를 차지하며, 바디케어 제품이 23.2%, 선크림이 7.3%이다. 제품 수입 규모는 2022년 기준 8억 260만 호주 달러로 추산, 지난 5년간 연평균 9.9% 상승했다. 호주 국내 수요의 약 80%가 해외에서 수입되고 있으며, 주요 수입 대상국은 글로벌 브랜드의 본사가 위치한 미국, 프랑스, 한국, 독일 등이다. 코트라 멜버른무역관은 "호주 뷰티 매거진 및 유통업체를 통해 한국의 10단계 스킨케어 루틴이 소개되었다."며, "이는 K-뷰티 제품의 구매로 이어지고 있다."고 현지 분위기를 전했다. 이러한 K-뷰티의 글로벌적 성장과 인기는 한국의 코스메틱 산업이 미래 핵심 성장산업으로서 기능할 수 있다는 것을 보여주고 있다.

3) 인공지능 기술 산업과 의료 기술 산업

대한민국의 미래 핵심 성장동력으로 인공지능 기술 산업과 의료 기술 산업이 가장 기대되기도 한다. 가장 먼저 인공지능은 현재 전 세계적으로 큰 관심을 받고 있으며, 미래에는 기술혁신과 사회경제 발전에 중요한 역할을 할 것으로 예측된다. 대한민국은 인공지능 분야에서 선도적인 역할을 하고 있으며, 다양한 분야에서의 적용 가능성과 경쟁력을 갖추고 있다.

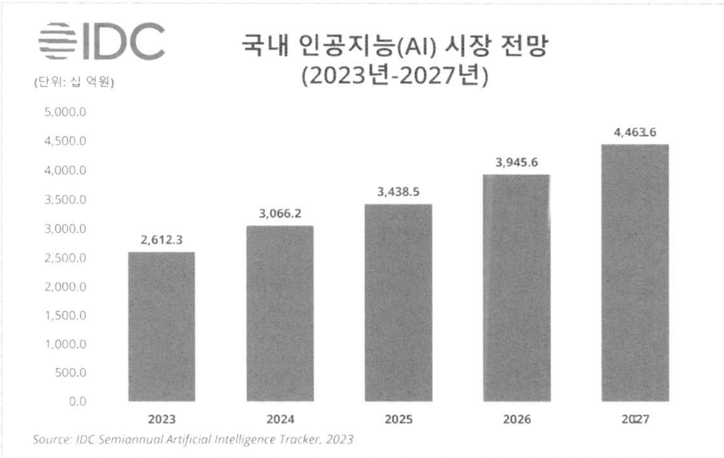

*출처: 정보통신신문(http://www.koit.co.kr)

〈그림 1〉 국내 인공지능 시장 전망

IT 시장분석 및 컨설팅 기관인 인터내셔날데이터코퍼레이션크리아(International Data Corporation Korea Ltd., 이하 한국IDC, https://www.idc.com/kr)는 최근 발간한 '국내 인공지능 분석 시장 전망, 2023-2027' 연구보고서에서 국내 인공지능 시장은 2023년 전년 대비 17.2% 성장하여 2조 6,123억 원의 매출 규모를 형성할 전망이라고 밝혔다. 또한 대한민국 정부는 2021년 인공지능 산업 집중육성전략을 발표하였으며, 이를 통해 인공지능 분야에 대한 투자와 연구개발 지원을 강화하고 있다. 이는 대한민국이 인공지능 분야에서 선도적인 국가로 발전하기 위해 적극적인 노력을 기울이고 있다는 것을 보여주고 있다.

의료기술은 인구의 고령화와 질병 부담의 증가로 인해 미래에도 계속해서 성장할 것으로 예측된다. 대한민국은 의료기술 분야에서 혁신적인 연구와 발전을 이루어내며, 세계적으로 경쟁력 있는 의료기술 산업을 육성하고 있다. 의료기술 산업이 대한민국의 미래 핵심 성장동력이 될 수 있는 근거는 다음과 같다. 대한민국 보건복지부에 따르면,

65세 이상의 고령 인구 비율은 2020년에 15.7%였으며, 2060년에는 43.9%로 증가할 것으로 전망된다. 이는 의료기술 산업에 대한 수요가 증가할 것임을 시사한다.

만성질환의 발생률도 증가하고 있다. 한국보건산업진흥원(KIHT)에 따르면, 2019년 기준으로 대한민국 만성질환 유병률은 전체 인구의 약 37.5%에 달하며, 이는 의료기술에 대한 수요가 계속해서 증가할 것을 나타낸다. 대한민국 정부는 '바이오 샌드박스(Bio-Sandbox)'와 같은 프로그램을 통해 의료기술 스타트업의 초기 상업화를 지원하고 있다. 이를 통해 새로운 의료기술과 제품의 개발을 촉진하고 산업 생태계가 탄생될 것을 예측할 수 있다. 또한, 의료기술 분야에 대한 투자도 증가하고 있다. 한국생명공학연구원(KBIO)의 보고서에 따르면, 2020년 대한민국의 의료기술 분야에 투자된 금액은 전년 대비 25% 증가하여 약 1조 8,000억 원에 이른 것으로 나타났다. 글로벌 의료 시장은 지속적으로 성장하고 있으며, 대한민국은 글로벌 의료기술 시장에서 경쟁력을 갖고 있다. 대한민국의 의료기술 산업은 국내 시장뿐만 아니라 해외 시장에서도 큰 성장 잠재력을 갖고 있다는 의미이다.

대한민국은 의료기술 분야에서 전 세계적으로 인정받는 기업들을 보유하고 있다. 예를 들어, 의료 영상 진단 분야에서는 한국의 기업들이 세계 시장에서 선도적인 역할을 하고 있다.

글로벌 의료기술 시장은 코로나19와 같은 긴급한 상황에서의 의료기술에 대한 수요가 증가하고 있다. 코로나19 대유행은 진단, 치료, 백신 개발 등의 분야에서 의료기술의 중요성을 더욱 부각시키고 있다. 이러한 데이터베이스들은 대한민국의 의료기술 산업이 성장동력을 갖고 있음을 보여준다. 정부의 지원 정책과 글로벌 시장의 성장은 대한민국이 의료기술 산업에서 선도적인 역할을 할 수 있는 기반을 제공하고 있다.

2 성장산업의 요건과 전망

기술의 다변화와 급격한 소비시장의 다변화는 다양한 성장산업을 요구하고 있다. 이러한 성장산업의 요건은 무엇인가?

첫째, 기술발전 및 비용 절감이다. 재생 에너지 부문은 최근 몇 년 동안 상당한 기술발전 및 비용 절감을 가져온다. 예컨대, 태양광 패널과 풍력 터빈은 보다 효율적이고 저렴해지면서 재생 가능 에너지가 전통적인 화석 연료 기반 소스에 비해 점점 더 경쟁력을 갖추게 되었다. 이러한 발전은 재생 에너지 프로젝트의 경제적 실행 가능성과 확장성에 기여해야 한다.

둘째, 사회적 수용 및 공공 지원이다. 일반 소비자 사이에서 재생 에너지의 중요성에 대한 인식과 수용이 증가하고 있다. 소비자들은 태양열 또는 풍력 발전소와 같은 재생 에너지 프로젝트를 지원하고 참여하는 경향이 있다. 이러한 사회적 수용은 국내 신재생에너지 산업의 성장에 유리한 환경을 조성할 수 있어야 한다.

셋째, 수출 잠재력이다. 엔지니어링, 제조 및 기술에 대한 한국의 전문성은 한국을 재생 에너지 장비 및 솔루션의 잠재적 수출국으로 만들고 있다. 세계 각국이 재생에너지 도입을 확대함에 따라 재생에너지 인프라에 대한 글로벌 수요를 충족하고 국내 경제성장에 기여할 수 있는 효과가 있어야 한다.

예컨대, 우리나라의 핵심 성장동력이 될 인공지능 및 빅데이터 산업과 바이오 헬스케어 산업을 융합적인 측면에서 고려해 보자. 인공지능 및 빅데이터 산업이 미래 성장동력이 될 수 있는 이유는 다음과 같다.

첫째, 미래성과 지속성이다. AI 및 빅데이터는 계속 발전하고 있는 기술이기 때문이다. 인공지능은 사진 또는 음성 인식, 자연어 처리, 데이터 분석 등 이미 다양한 분야에서 사용되고 있으며 더 많은 분야에서 사용될 예정이기도 한다. 그 밖에 빅데이터는 방대한 양의 데이터를 수집, 저장, 분석하여 기업의 비즈니스 전략에 활용되고 있다. 이러한 기술적 발전은 더욱 다양한 산업에서 인공지능과 빅데이터를 활용할 수 있도록 만들어 주고, 새로운 비즈니스 모델을 만들어 내기도 한다.

둘째, 기업이 비용을 절감하고 업무 효율성을 높이는 경제적 효과에 도움이 되기 때문이다. 인공지능은 작업의 자동화를 통해 비용을 절감시키고, 빅데이터는 고객 행태 이해와 마케팅 전략의 설계를 돕는다. 이런 방식으로 경제적 이익을 창출함으로써 미래의 성장동력이 될 수 있다.

셋째, 정부의 지원이다. 우리 정부는 AI 및 빅데이터를 국가 경제의 주요 성장동력으로 인식하고 있으며, 이들 기술을 연구하고 개발하는 기업과 연구기관에 지속적인 투자를 진행하고 있다.

넷째, 풍부한 사회적 수요이다. AI와 빅데이터는 교통, 의료, 교육 등 사회의 필수적인 분야에서 기여할 수 있다. 예를 들어, AI가 질병의 진단과 치료 효과를 개선하는 데 사용될 수 있고, 빅데이터를 통해 교통의 흐름을 개선하는 데 도움을 받을 수도 있다. 이러한 사회적 수요가 이들 기술의 성장을 더욱 촉진한다.

그 밖에 소비시장의 수요 예측과 일자리 창출 등이 고려되어야 한다.

최근 대한민국에는 다양한 산업들이 생기고 있다. 예를 들어 정보통신기술, 신재생에너지, 스타트업과 창업 생태계, 문화 및 콘텐츠 산업, 의료산업 등이 있다. 이 중에서 정보통신기술과 의료산업의 융합도 미래 핵심 성장동력으로 작용할 것이다. 정보통신기술에서 눈여겨보아야 할 기술은 인공지능 기술이다. 인공지능 기술이란 컴퓨터 시스템이 인간과 유사한 지능적 작업을 수행하는 기술이다. 즉 기계가 인간의 학습, 추론, 문제 해결, 의사결정 등의 작업을 수행하는 것이 목표이다. 최근에는 openAI와 구글에서 Chat GPT와 바드가 만들어져 수많은 사용자들이 정보를 얻고 있을 정도이다. 대한민국은 강력한 정보통신 기반과 높은 인터넷 보급률을 가지고 있으므로 인공지능 기술이 개발이 일단 한번 될 경우 엄청난 혁신과 발전을 불러일으킬 수 있다. 스마트시티, 스마트 공장, 스마트 헬스케어 등이 그 예가 될 수 있다. 특히 초고령화와 수명의 연장, 그리고 건강과 안전 등의 사회적 이슈가 등장하면서 더욱 그 빛을 발할 것으로 기대된다.

이뿐만 아니라, 미래 사회의 주력 산업과 상품에 관해서는 여러 가지가 있을 것이다. 특히 우리나라의 경우 세계를 주도하고 앞서가는 산업이 다양하기 때문에 우리는 많은 분야에서 대한민국의 미래 핵심 성장 산업에 대해 기대할 수 있다. 그 중 케이팝(K-POP)과 K-콘텐츠 등의 한국의 문화산업과 코스메틱 분야는 세계 어디서도 찾아볼 수 없는 독특한 산업이다. 한국이 가지고 있는 콘텐츠의 힘은 다른 나라와는 차별성을 가지고 있으며, 코스메틱 산업은 동아시아를 넘어 유럽, 미주까지의 핵심 주력 산업이 되고 있다.

먼저 케이팝 시장의 경우 한국의 대중음악을 넘어 글로벌 인기를 기반으로 성장하고 있는 산업이다. 우리나라의 케이팝 그룹은 전 세계적인 팬 베이스를 보유하고 있으며, 그들의 음악, 춤, 패션 등이 다양한 국가와 문화에서 사랑받고 있다. 특히 소셜 미디어와 디지털 플랫폼이 발전하고, 인터넷이 발달하면서 케이팝 그룹은 글로벌 팬들과 직접 소통하고 있다. 음악, 영상 콘텐츠를 쉽게 공유할 수 있는 이러한 문화는 글로벌 시장 진출에 용이하다. 유튜브, 트위터, 인스타그램 등의 플랫폼은 케이팝의 세계적인 홍보와 팬들과의 상호작용에 큰 역할을 하기 때문이다. 이는 결국 소프트 파워와 문화산업의 발전으로 귀결된다. 한류 현상은 한국의 소프트 파워를 대표하는 요소 중 하나로 인정받고 있으며, 케이팝은 한국 문화산업의 중요한 부분이다. 한국을 방문하는 관광객들의 수를 늘리고 문화콘텐츠 수출을 촉진할 뿐만 아니라 전 세계적으로 인정받는 한국의 문화산업이다. 이는 한국의 경제와 국제적 영향력을 향상시키는 데에 도움을 줄 것이다.

우리나라는 과거 개발도상국을 벗어난 선진국으로서 현재까지도 계속 성장 과정 중에 있다. 다양한 기술과 문화를 세계에 알리고 있으며 나름의 부문에서 앞서 달려 나가고 있는 산업도 다수 있다. 한국에서 지향하는 AI 산업, 하드웨어, 영화 엔터테인먼트 등 미래를 위해 먼저 선전하고 있는 산업이 부상하며 대한민국을 알리고 있는 셈이다. 그러나 우리나라의 고질적인 과거 문제는 해결되지 않고 있다. 바로 남과 북의 분단이다. 이는 앞으로 어떻게 될지 알 수도 없고 긍정적 · 부정적 영향을 판단하기 어려운 국가급 문제이기에 항상 귀 기울이고 긴장해야 하는 문제이다. 그래서 핵심 성장동력으로써 엔터테인먼트 산업과 국방산업의 융합도 고려할 사항이다.

또한 근간 소비자들은 늘어난 수명으로 인해 웰빙(well-being), 더욱 건강한 삶에 대한 관심이 증가하였을 뿐 아니라 코로나19 이후 국민들의 건강에 대한 관심이 더욱 증가하는 기폭제가 되었다.

질병관리청은 27일 국내의 만 19세 이상 성인을 대상으로 한 지역사회건강조사 결과를 활용해 코로나19 유행 전후(2019~2021) 주요 건강 행태와 만성질환 지표를 분석해 발표하였다.

첫째, 국민들은 코로나19 전후로 건강에 관한 관심이 커졌다. 금연, 절주, 걷기를 모두 실천하는 사람을 의미하는 건강 생활 실천율이 2021년 29.6%로 2019년(28.4%)보다 증가했다. 구체적으로 살펴보면 이 기간 현재 흡연율(2019년 20.3% → 2021년 19.1%), 남자 현재 흡연율(2019년 37.4% → 2021년 35.6%), 월간 음주율(2019년 59.9% → 2021년 53.7%)이 모두 감소하였다. 외출 후 손 씻기 실천율, 비누, 손 세정제 사용률도 각각 94.5%, 89.3%로 코로나19 유행 전보다 눈에 띄게 늘었다.

둘째, 실내보다 야외 운동을 더 선호하는 현상이 관찰되었다. 걷기 실천율은 2019년 40.4%에서 2020년 37.4%로 3.0%p 감소했다가 지난해 다시 40.3%를 기록해 코로나 유행 전 수준을 회복하였다.

셋째, 정신건강이 악화되었다. 우울감 경험률은 2019년 5.5%에서 2020년 6.7%까지 증가하였고, 스트레스 인지율 역시 같은 기간 25.2%에서 26.2%로 증가하였으며, 만성질환에서는 고혈압과 당뇨병 모두 진단율이 증가하였다.

질병관리청에 따르면 30세 이상 고혈압 진단 경험자의 치료율은 이 기간 91.7%에서 93.3%로 증가했지만, 당뇨병 치료율은 같은 기간 91.9%에서 91.2%로 다소 감소하였다. 이는 감염병 유행에 따라 환자가 병원 방문을 꺼리는 현상이 수치에 반영된 것으로 풀이된다.

이 조사 결과를 통해 예측해 볼 수 있듯이 현대인들은 코로나19 이후 무엇이든 비대면 형태를 선호하며 본인의 건강에 대한 관심 증가로 여러 방법으로 실천방법을 찾고 있음을 알 수 있다는 것이다. 대한민국뿐만 아니라 여러 국가들도 예컨대, 헬스케어 산업에 대한 관심과 발전이 이루어지고 있는 중이다. 코로나19 이후 비대면 원격의료에 대한 소비자들의 수요가 증가하였지만, 의료법으로 인한 한정적으로 진행되어 아쉬움으로 남기도 하였다. 반면, 프스트 코로나 시대에 '스마트 헬스케어' 산업은 점차 발전하고 수요와 소비가 동시에 증가하였다.

가장 주목해야 할 점은 디지털 치료제 시장이 기업과 정부 부처의 협업을 통하여 새로운 생태계로 진화시키고 있다는 것이다. 국내 헬스케어 기업들이 '웰니스(well·ness)' 제품 대신 소프트웨어를 탑재한 '디지털 치료 기기(DTx, Digital Therapeutics)'를 출시한 가운데, 디지털 치료제 시장의 변화에 이목이 쏠리고 있다. 최근 'WELT-I'가 '솜즈'에 이어 국내 두 번째 디지털 치료 기기로 등장했다. 두 솔루션은 모두 불면증 치료용이다. 인공지능, 애플리케이션 등 무형의 소프트웨어로 환자를 치료하는 디지털 치료제 시장은 본래 건강 활동 유지 · 향상을 지원하는 기기인 이른바 웰니스가 주를 이뤘다. 이를 통하여 개인들은 집에서 병을 관찰하고 치료할 수 있게 되었으며, 생의 전반적인 의료 문제를 병원이 아닌 집에서 가능하도록 했다는 것은 현대인들이 원하는 것을 제대로 반영한 결과이다.

건강함을 제외하고는 살지 못하는 현대인들을 위해서 헬스케어 산업은 필수이며 계속 발전되어야 하는 산업이다. 정부에서는 의료법도 개선하여 비대면 의료처방의 높은 수요에 응할 수 있도록 해야 한다. 여러 가지 산업들 중에서도 헬스케어 산업을 우리나라의 미래 핵심 산업으로 기대하는 근거는 다가오는 초고령사회뿐만 아니라 현대인의 건강에 대한 관심과 수요가 한몫하고 있다.

미래성장동력산업은 대한민국의 차세대 성장 주력산업을 지칭하는 것이다.

그동안 우리나라가 급속한 경제성장을 이룰 수 있었던 것은 근대부터 1970년대까지는 섬유산업과 신발산업이 주를 이루었고, 80년대까지는 중화학공업을 중심으로 발전하였으며, 90년대까지는 자동차, 조선, 반도체, 철강 산업 등의 수출산업이 우리나라의 경제성장을 이끌어 왔다.

그러나 세계시장에서 반도체, 자동차, 조선 등 기존의 주력산업들이 경쟁력이 약화되면서 대한민국의 경제성장이 주춤하고 있다. 2000년대 이후 대한민국이 선진국의 문턱에서 계속 머물러 있는 이유는 바로 이러한 기존의 성장 주력산업이 경쟁력을 잃고 있기 때문으로 평가되고 있다. 따라서 대한민국의 차기 성장을 이끌어 나갈 주력 성장산업이 필요하게 되었고, 바로 지금의 시점이 우리나라의 주력 성장산업의 전환 시점이라고 보고 있다. 즉, 미래성장동력산업에 대한 관심이 높아지고 있는 시점이다.

그렇다면 미래성장동력산업은 누가 결정하는 것인가는 따로 결정하는 주체는 존재하지 않는다. 과거에는 정부나 정책결정권자가 특정 산업을 지시하거나 특정 기업을 통해 주력성장산업을 키웠다면, 지금은 정부에서 미래성장동력산업들에 대한 지원정책 등은 발표하지만 미래성장동력산업이 결정되는 것은 거의 글로벌 시장의 변동 추이와 우리나라 기업들의 시장 점유 등에 의해 달라질 것으로 보인다. 다양한 산업들이 발전을 거듭하고 있고 국내 및 글로벌 시장이 다변화되어가고 있기 때문에 정책적으로 어느 한 산업만을 지원하고 정책적으로 결정하는 데는 많은 부담이 따르기 때문이다. 그러나 대략적으로 미래성장동력산업은 지식을 기반으로 한 첨단 산업이 될 것이라는 데에는 큰 이견이 없는 것 같다.

미래성장동력산업에 대해 명확한 정의를 내리고 있는 정부나 기업 등은 아직 없으나 국회의 국회미래성장동력산업 연구회에서 미래성장동력에 관한 다양한 정책과 견해를 제시하고 있다. 국회미래성장동력산업연구회는 대한민국의 미래성장동력산업으로 항노화장수의학산업, 로봇산업, 우주 · 항공산업, NEW IT산업, 신재생에너지산업, 나노 · 신소재산업, 원자력산업, 식품산업, 물산업 등을 제시하고 있다. 국회미래성장동력산업연구회의 회장은 세계시장 규모와 산업 기술 발달 등을 근거로 하여 상기 산업이 대한민국의 미래성장동력산업이 될 것이며, 이를 선점하여 집중적으로 육성하는 것이 대한민국이 세계경제를 선점하고 세계 중심국가가 되는 길이라고 강조하고 있다.

| 3 | 성장산업의 한계

1) 성장산업의 종류

오늘날 성장산업은 어떤 종류가 있는지 확인해 볼 필요가 있다. 한국개발연구원(KOREA DEVELOPMENT INSTITUTE, KDI, 2023)에 따르면 국내 주력산업은 3개 군과 13개 종목으로 구분하였다. 이에 대한 전망도 함께 발표하였는데, 성장산업에 포함된 산업은 기계 산업군, 소재 산업군, IT 산업군으로 구분하였다.

기계 산업군에서는 자동차, 조선, 일반 기계, 소재 산업군에는 철강, 정유, 석유 화학, 섬유 등을, IT 신(新)산업 군에는 정보통신기기, 가전, 반도체, 디스플레이, 2차 전치, 바이오 · 헬스 등으로 구분하였다.

또한 각각의 군과 종목대로 수출, 내수, 생산, 수입별 산업에 대한 전망치를 함께 발표하였다. 산업군별 예상치로는 수출을 기준으로 전망하였다. 기계 산업군에서는 자동차 부문의 경우 수출은 소폭 상승을 전망했지만, 내수, 생산, 수입의 경우 소폭 감소를 나타냈다. 조선 부문은 전체적으로 큰 폭의 상승을 나타냈다. 일반 기계는 전체적으로 감소를 전망했다. 특히, 내수시장에서의 큰 폭의 감소를 전망했다. 소재 산업군에서 철강 산업의 수출 · 수입 전망은 감소를 나타냈고, 내수와 생산은 소폭 상승을 나타냈다. 정유 산업은 수출과 수입 모두 큰 폭의 감소를 나타냈고, 내수에서는 감소를, 생산에서는 증가를 나타냈다. IT 신사업 군에서는 정보통신기기의 수출을 제외한 부문에서 소폭의 상승을 나타냈다. 가전제품에서는 수출, 내수, 생산, 수입 모두 소폭 감소를 확인할 수 있다. 반도체 부분에서는 특히 대폭 감소를 전망하기도 했다. 디스플레이산업에서는 내수시장의 큰 폭 감소를 전망했다.

2차 전지와 바이오헬스산업에서는 전체적으로 긍정적으로 전망했다.

이처럼 산업은 기술적 우위, 혹은 생산 시설의 확충, 기술 인력의 보강 · 확대만으로는 그 산업에 대해 전망하기 어렵다는 것을 확인할 수 있다. 앞서 기술한 내용 대부분은 세계 시장의 움직임 그리고 환율 및 각국의 물가나 자국 우선주의에 따른 통상정책에 큰 영향을 받는 것을 확인할 수 있다. 이는 산업의 다양화 그리고 복잡화 · 전문화되는 상황에서 어느 한 단면만으로 산업을 전망하는 것이 매우 어렵다는 것을 방증한다고 할 수 있다.

국내 기업의 해외 생산은 산업별 · 국가별로 다소 차이는 있을 수 있지만, 여러 암울한 전망은 2023년도에도 계속되고 있음을 상기에 열거된 내용을 보면 알 수 있다. 하지만 지속적인 성장이 전망되는 것은 긍정적이라고 평가할 수 있다. 특히, 자동차 산업의 경우 코로나19의 여파로 반도체 부품의 수급이 원활치 못해 생산의 차질이 있는 현실, 그리고 그 여파가 아직도 존재하고 있음을 이해할 필요가 있다.

2) 산업별 성장과 후퇴

상기와 같은 산업별 성장 혹은 후퇴에 대해 국제적 혹은 외부 환경적 요인인 거시적 접근법으로 이해하려고 노력했다면 이제는 미시적 접근으로 이해해 보고자 한다. 산업은 여러 요소가 결합하여 하나의 산업으로 탄생하고 성장 · 발전하는 것으로서 쇠퇴하여 없어지기 전까지 무수한 여러 요인이 어우러지는 복잡하면서도 살아있는 생명과 같은 주기를 보인다.

2023년 KOTRA에서 발표한 '일본 반도체 산업은 부활할 수 있을까' 라는 보고서에서 산업은 나라별로 흥망성쇠가 다양하게 나타난다고 했다. 현재 전 세계적으로 반도체 산업은 가장 큰 호황이다. 그리고 가장 큰 산업이며, 경제적으로도 큰 가치를 지니고 있음은 부인할 수 없다.

그러나 반도체를 처음 발명하고 산업을 발전시킨 미국과 그 바통을 이어받아 1970년대 세계 최대의 반도체 생산을 자랑하던 일본은 전 세계 반도체 점유율의 50% 이상을 차지한 바 있다. 하지만 그 이후 줄곧 내림세를 보였다. 새로운 강자인 대만이나 한국 등의 거센 도전에 서서히 밀려나게 되었고, 2021년도에는 전 세계 점유율의 6% 수준까지 쇠퇴하게 된 것을 반면교사(反面教師)로 삼아야 할 것이다. 이렇게 한 국가에서 산업이 쇠퇴하게 된다면, 또한 반도체와 같이 중요한 산업이 쇠퇴하게 된다면 이는 국가적으로도 큰 손실일 뿐 아니라, 최신의 기술을 다루고 있으므로 한번 밀려나기 시작하면 그때는 다시 그 산업을 선도하기가 어렵다.

〈표 2〉 일본 경제 산업성 반도체, 디지털 산업 전략

<table>
<tr><th colspan="2">사업자</th><th>TSMC/SONY</th><th>KIOXIA/WD</th><th>MICRON</th></tr>
<tr><td colspan="2">국가</td><td>대만</td><td>미국</td><td>미국</td></tr>
<tr><td colspan="2">투자 승인일</td><td>2022. 6. 17.</td><td>2022. 7. 26.</td><td>2022. 9. 30.</td></tr>
<tr><td colspan="2">최대 보조금</td><td>4,760억 엔</td><td>929억 엔</td><td>465억 엔</td></tr>
<tr><td rowspan="6">계획</td><td>장소</td><td>쿠마모토현</td><td>미에현</td><td>히로시마현</td></tr>
<tr><td>주요 제품</td><td>로직 반도체
(22/28nm·12/16nm)</td><td>3차원 플래시 메모리
(제6세대 제품)</td><td>DRAM(1β세대)</td></tr>
<tr><td>생산능력</td><td>월 5.5만 장
(12인치 환산)</td><td>월 10.5만 장
(12인치 환산)</td><td>월 4만 장
(12인치 환산)</td></tr>
<tr><td>초회 출하</td><td>2024년 12월</td><td>2023년 2월</td><td>2024년 3~5월</td></tr>
<tr><td>제품
납입처</td><td>일본 고객 중심</td><td>메모리, 스마트폰, PC,
데이터센터, 자동차 등</td><td>자동차, 의료기기,
인프라, 데이터센터,
5G, 보안 등</td></tr>
<tr><td>설비
투자액</td><td>86억 달러 규모</td><td>약 2,788억 엔</td><td>약 1,394억 엔</td></tr>
</table>

*KOTRA의 자료 중 일본 경제산업성 「반도체 · 디지털 산업 전략(개정안)(2023.4.)」 재인용

무엇이 제품 자체의 원인이 아니라 나라별 혹은 산업별 흥망성쇠에 영향을 미치는가에 대해서는 충분히 상기해 볼 필요가 있다. 이와 같은 사례는 반도체 산업에서만 찾을 수 있는 것은 아니다. 이동전화 산업에서 LG, 블랙베리, 노키아 등의 사례가 있고, 컴퓨터 산업에서는 DELL, IBM, 삼보컴퓨터 등의 사례를 들 수 있다. 물론 컴퓨터 산업은 반도체 산업과 어느 정도 같은 점도 있다. 또한, 산업의 특성에 따라 여러 다른 특징이 있다는 것을 이해하는 것이 필요하다.

따라서, 산업에 따른 한계가 나라별 혹은 세계적 특이사항에 따른 흥망성쇠인지 아닌지를 구분할 필요가 있다. 하지만, 아무리 첨단 산업으로 미래 가치가 있는 산업이라고 하더라도 시의적절한 국가적 혹은 금융지원의 필요는 있다고 할 수 있다. 또한, 국제적 흐름을 선행하여 진행하는 것도 중요한 내용이라고 하겠다.

생각해 보기

1. 어떤 근거로 미래성장산업을 결정할 수 있는지 그 요인을 설명해 봅시다.

2. 미래에 가치 있는 산업의 지속적인 발전을 위해 무엇이 필요하며, 그 이유는 무엇인지 생각해 봅시다.

3. 소비시장의 미래 변화를 알아보고, 미래성장산업을 발견해 봅시다.

4. 미래 가치, 소비자의 만족, 그리고 소비자 구매 변화는 어떤 관계가 있는지 설명해 봅시다. 어떻게 해야 그 관계를 긍정적 방향으로 지속할 수 있는지 생각해 봅시다.

2부

기술과 소비시장의 융합: 자동차와 코스메틱

들어가기

발전하고 있는 기술에 따라 소비시장도 빠르게 변화하고 있다. 특히, 4차 산업혁명이라는 광범위한 기술의 발전과 진보는 소비자의 주변 시장을 더욱 급격히 변화시키고 있다. 4차 산업혁명은 대한민국 내에서 가장 뜨거운 내용 중 하나임이 분명하다. 왜냐하면 앞서 말한 대로 소비자들은 급격히 진보하고, 산업에서 개발하고 있는 여러 제품이나 기능들에 끊임없이 소비한다. 얼리어답터라는 말은 특히 우리 소비자들에게는 관심 사항이 아닐 수 없다. 어떤 제품이든 장점, 단점은 존재한다. 하지만 얼리어답터는 먼저, 새로움, 그리고 독특함을 추구하기에 이러한 불편은 그들에게 방해가 되지 않는다. 대부분의 첫 번째 개발되고, 양산되는 대중적인 제품에는 물론 하자가 있다. 하지만 얼리어답터에게는 그런 단점들이 중요하지 않은가? 분명히 양산제품들이기 때문에 고장이나 혹은 그보다 더 큰 문제들이 있을 텐데도 그들의 목적은 새로운 것을 사서 사용하는 것이고, 다른 이들이 갖고 있지 못하는 것을 갖는다는 것에 더 큰 만족을 하고 있음이 다른 점이라고 할 수 있다.

우리나라의 핵심산업 중 하나인 자동차 산업과 주요 수출국으로 발전한 코스메틱 산업은 이러한 기술적 변화에 더욱 민감한 분야라고 할 수 있다.

따라서 이번 2부에서부터는 발전하고 있는 기술적인 분야와 소비자의 주변 상황을 살펴보고 특히, 자동차와 코스메틱 산업의 주요 동향, 현황, 앞으로의 미래를 분석하고자 한다.

1장, 2장에서는 자동차 산업을 중심으로, 그리고 현재의 기술들은 어떤 것을 포함하고 있는지를 살펴보고자 한다. 3장과 4장에서는 코스메틱 산업을 중심으로 살펴볼 것이다. 이렇게 자동차 산업과 코스메틱 산업의 주요 현황을 살펴보고, 향후 두 산업의 미래, 그리고 이러한 산업들의 융합 전략을 종합적인 사고력과 분석력을 바탕으로 도출하고자 한다.

2부의 주요 내용을 숙지하고, 두 산업의 미래전략 및 융합 전략을 도출하는 과정이 두 산업의 발전에 도움이 되길 기대한다.

1장

자동차의 종류와 소비자의 선택

도입

국내에서 자동차는 여러 종류가 생산, 유통, 판매되고 있다. 자동차의 종류를 구분해 본다면, 승용차, 상용차로 구분할 수 있다. 상용차는 말 그대로 상업에 사용되는 자동차로 볼 수 있고, 법적인 용어로는 사업용 자동차라고도 말할 수 있다. 본 장에서는 상용차, 다시 말해 사업용 자동차를 제외하고 순수하게 사람을 운반하는 차량, 그 중에서도 9인승 이하의 차량을 대상으로 어떤 자동차로 구분이 될 수 있는지, 그리고 소비자가 원하는 자동차와 자동차 생산자가 원하는 자동차는 무엇이 있는지 살펴보고자 한다.

세계는 분명히 많이 바뀌고 있다. 특히, 선진국을 중심으로 이산화탄소를 줄이자는 운동이 크게 일어나고 있고, 환경을 보호해야 한다는 것을 법제화하려는 움직임이 활발하다. 또한 많은 국가에서 실제적으로 법을 더욱 강화하여 환경을 오염시킬 수 있는 자동차의 판매, 유통, 혹은 사용을 점차 줄여가고 있는 추세를 볼 수 있다.

자동차 시장은 크게 미국을 중심으로 한 시장, 유럽을 중심으로 한 시장으로 나뉠 수 있다. 물론 중국을 중심으로 한 아시아에서 많은 생산을 이루어내고 있고, 유통 및 판매 또한 폭발적으로 증가하고 있는 것은 알고 있지만, 자동차의 기술을 발전시키고 생산 기술을 발전시킨 것은 미국이나 유럽이라는 것을 부인하기 어렵다. 그뿐 아니라 관련 법이나 제도적 장치도 미국이나 유럽이 선진국으로서의 역할과 책임을 다하는 모습을 볼 수 있다. 그렇다면, 앞으로 자동차는 어떻게 발전할 것인지 볼 필요가 있다. 이러한 자동차의 발전은 소비생활에 어떤 영향이 있는지 생각해 보고, 어떤 소비가 소비자로서 올바른 주권의 행사인지 고찰해 보고자 한다.

1 자동차와 소비자

자동차는 과거부터 지금까지 우리의 일상에서 중요한 역할을 하였고, 중요한 도구임을 부인하기 어렵다. 이와 함께 소비재로서 가장 중요한 위치를 차지하고 있고, 고관여 제품으로서의 존재도 그다지 줄지 않았다. 신차를 소비하는 소비자, 중고차를 소비하는 소비자 모두 고관여 제품으로서의 소비패턴은 전혀 다르지 않음을 인지해야 한다. 하지만 고관여 혹은 저관여 제품으로서의 소비패턴은 변하지 않았다 하더라도, 자동차를 바라보는 시선은 많이 변화하고 있음을 이해해야 할 것이다.

이와 더불어 자동차를 사용함에 있어 가장 중요하게 생각되는 연료에 대한 내용을 빼놓을 수 없을 것이다. 최근 5년간의 국제 원유 가격은 우상향하는 모습을 볼 수 있다(석유공사, 국제원유유가 홈페이지 참조).

〈그림 2〉와 같이 국제 유가의 우상향 패턴, 그리고 최근 전 세계를 공포에 몰아넣었던 코로나19를 경험한 소비자들은 소비의 형태를

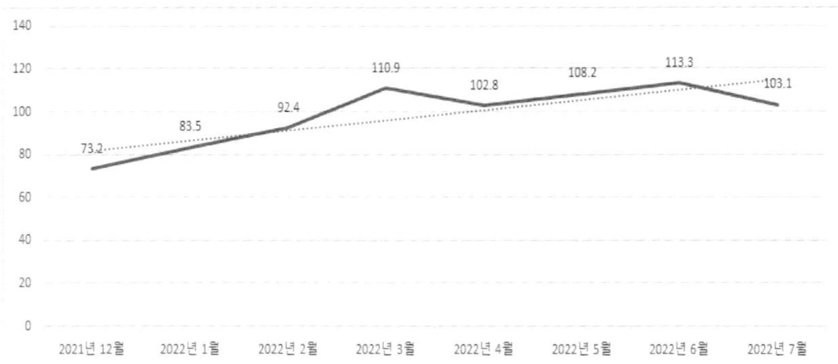

*출처: 석유공사 국제유가 데이터 활용(석유공사 홈페이지, 국제유가 데이터 내용 저자 편집)

〈그림 2〉 최근의 급격한 국제유가 변화(단위: 달러)

여러 가지로 바꾸고 있다. 그중에서도 많은 변화를 가져온 것에서 자동차 구매의 변화를 빼놓을 수 없다. 소비자는 여러 경험을 통해 소비의 패턴을 변화시킨다(김난도 외 6인, 2016).

과거에 소비자는 자동차 구매 시에 중요한 선택을 먼저 해야 했다. 내연기관의 종류 선택이 바로 그것이다. 최근 다양한 전기자동차가 출시되기 전, 소비자는 당연하듯 가솔린 엔진 구동 방식과 디젤엔진 구동 방식 중 하나를 선택하려 애썼다. 물론 LPG도 있고, 2017년 1월부터 법이 개정되어 법의 개정 전에는 장애인만 선택이 가능한 선택지였으나, 법 개정 이후 일반인들도 LPG 차량을 이용할 수 있게 되었지만, 그 숫자는 매우 미미한 실정이다(전자신문, 2023).

따라서 소비자는 큰 문제 없이 가솔린 자동차와 디젤 자동차로 압축해서 생각하고 소비하면 될 뿐이었다.

2 자동차 종류의 다양화

최근 소비자의 자동차 소비패턴은 어떠한지 살펴볼 필요가 있다. 한국자동차산업협회(KAMA, 2022)의 '2022년 자동차 신규 등록 현황 분석' 보고서에 따르면 2022년도 국내 판매 대수는 168만 대 정도로 2021년도에 비해 약 2.9% 감소했다고 발표했다. 그 발표된 내용 중 과거에는 볼 수 없던 내용이 있다. 바로 가솔린 엔진 혹은 디젤 엔진을 사용한 내연기관이 아닌 또 다른 동력원을 가진 자동차들이다. 대략 전체 자동차 판매 중 약 28% 정도가 하이브리드 혹은 전기자동차로 확인된 것이다. 전기자동차와 하이브리드 자동차의 판매 증가율이 상당함을 알 수 있다. 대략 3대 중 1대 정도의 비율로 판매가 되고 있다. 전기자동차의 종류는 어떻게 되는지 확인해볼 필요가 있다. 앞서 내연기관은 크게 두 가지로 나누었다. 가솔린 엔진을 가진 내연기관 자동차와 디젤 엔진을 가진 내연기관 자동차 2가지 종류였다.

하지만 전기자동차는 크게 3가지 종류로 구분할 수 있다. 첫 번째로 MHV(Mild Hybrid Vehicle) 차량으로서 배터리를 직접 충전하지 않는 형태를 가지고 있고, 회생제동기능을 이용해 배터리를 충전하고, 충전된 배터리의 전기를 통해 모터를 차량의 토크가 필요할 때 보충하는 역할을 하는 것을 말한다. 이 같은 MHV 차량의 장점은 고압 배터리를 사용하지 않는다는 것이다. 따라서 가격이 다른 전기구동 자동차에 비해 저렴하다는 장점이 있다. 다만, 전기를 외부로부터 가져올 수 없으므로 배터리 충전을 온전히 회생 제동에만 의지해야 한다는 단점이 있다. 두 번째 차량은 PHEV(Plug in Hybrid Electric Vehicles)라 불리는 플러그인 하이브리드 차량이다. 상기 차량은 외부로부터 전기를 직접 충전할 수 있는 기능이 있다. 따라서 현시점에서 볼 때 화석연료보다 전기가격이 많이 저렴한 상태에서는 차량 사용 후 집이나 사무실에서 차량에 전기를 직접 충전하고 주행할 수 있다는 장점이 있을 뿐 아니라, 전기가 없더라도 내연기관이 함께 존재하기 때문에 화석연료를 통해 차량을 주행할 수 있고, 당연히 회생 제동기능을 통해 주행 중 배터리의 충전 또한 가능하다는 장점이 있다. 다만, 차량 가격이 비싸고, 무거우며, 부품값이 비싸다는 단점 또한 있음을 소비자들은 이해하고 소비해야 할 필요가 있다.

〈그림 3〉에는 순수 전기 차량의 개략을 볼 수 있다. 이를 참고한다면 좀 더 쉽게 이해할 수 있다. 내연기관 자동차와 마찬가지로 엔진이 있다. 그 바로 옆에 모터가 달려있고, 그 모터와 비슷한 위치에 회생제동장치가 있다. 이 같은 전자 장비를 이용할 수 있도록 힘을 전달하는 것이 뒤쪽의 고전압 배터리이고, 그 고전압 배터리에 전기를 외부의 콘센트를 이용해 충전하는 방식이다. PHEV 차량에서는 엔진과 모터

그리고 배터리를 연결해 주는 전선들을 쉽게 볼 수 있다. 이것은 특별히 구분되어야 할 필요가 있어 안내되는 것으로, 고전압 관련 제품이니 특히 주의해야 하고 자격이 없는 자가 만지지 말아야 한다는 것을 의미한다.

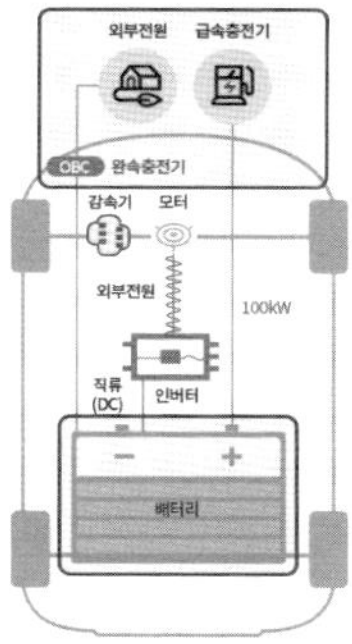

*출처: 무공해 차 통합누리집(https://ev.or.kr/nportal/evcarInfo/initEvcarSummaryAction.do)

〈그림 3〉 순수 전기 차량 개략도

최근 가장 이슈가 되고 있는 전기자동차 BEV(Battery Electric Vehicle) 차량에 대해 알아보면, BEV 차량은 말 그대로 배터리와 모터만으로 움직이는 차량이다. 다시 말해 순수 전기차량이라고 표현할 수 있다. 순수 전기차량인 BEV와 순수 내연기관 자동차 ICE(Internal Combustion Engine), 그리고 앞서 말한 MHV, PHEV 등의 차량들과 다른 점과 같은 점은 무엇일까? 그것은 바로 기존의 엔진이 더 이상 사용되지 않는다는 점이다. 온전히 배터리와 모터의 동력계통만으로 주행하게 하는 것이 가장 큰 특징이다.

BEV 차량의 장점은 무엇일까? 소비자는 무엇에 만족할까? 그것은 3가지로 말할 수 있다.

첫째로 정숙성이다. 기존의 내연기관 특유의 소음이 전혀 일어나지 않는다. 따라서 기존의 엔진 소음을 제거하고 나니 문제가 있는데 그것은 내연기관의 큰 소음에 가려져 있던 하부의 소음, 타이어의 소음들이 그것이다. 기존 내연기관의 소음에 대해서는 이제 당연한 소음으로 인식되어 불편함을 느끼지 못했다. 하지만 이제껏 듣지 못한 소음인 하부의 소음, 타이어의 소음, 주행 중 돌 튀는 소음 등은 이제 운전자 혹은 동승자를 민감하게 만드는 것이 장점이자 혹은 단점이 되었다. 이런 문제점들을 보완하기 위해 전기자동차의 타이어는 조금 더 특수하게 제작되는데 '조용한'이라는 단어를 곁들여 사일런스 혹은 어쿠스틱 타이어라고 명명하여 구분하여 타이어를 제조, 판매, 유통하고 있는 것을 알 수 있다.

*출처: 현대자동차 홈페이지 발췌(https://www.hyundai.co.kr/story/CONT0000000000049683)

〈그림 4〉 전기자동차 전용 타이어

둘째로, 주행능력이다. 토크(Torque)가 탁월하다. 모터의 특성을 자동차가 이용한 것이라 볼 수 있다. 모터는 신호가 들어가 작동하는 순간부터 비트는 힘인 토크가 최대로 발생한다. 이는 전기자동차를 운전하는 운전자가 느낄 수 있는데, 내연기관 자동차는 액셀러레이터를 밟아 엔진에 연료와 공기를 넣게 되고 그것이 연소되고 내연기관인 엔진이 작동하는 데 물리적인 시간이 필요하다. 하지만 모터는 전기가 공급되는 순간부터 최대로 작동하므로, 등판능력이나 혹은 출발 시 매우 큰 힘을 발휘하여 이용자로 하여금 큰 만족감을 줄 수 있다.

셋째로, 이것은 순수전기자동차의 최대 단점으로 현재의 SOC(Social Overhead Capital)가 잘 갖춰지지 않은 것이 이용자의 가장 큰 불편함으로 다가온다.

한국전력의 홈페이지에는 전기차 충전기 현황이 실시간으로 확인된다. 국내에는 2023년 9월 기준으로 10,728대가 설치되어 있다. 그렇다면 이렇게 많은 충전기가 설치되어 있음에도 전기자동차를 이용하는 소비자가 불편하다고 느끼는 이유는 무엇일까? 그것은 바로 설치 지역이 도심, 특히 수도권에 집중되어 있고, 지방, 소도시로 갈수록 전기자동차의 충전이 어렵기 때문으로 풀이된다. 지난 2023년도 설 명절에 뉴스로 많이 나온 내용이 있다. 바로 차량의 이동이 많은 명절이나 어린이날에 도로 정체 시 전기자동차 충전을 위해 오랜 시간이 필요하다는 것은 소비자를 불편하게 만든다.

〈표 3〉 전기자동차 충전기 현황

구분	개소	급속	완속	합계
공용	2,234	3,307	172	3,479
아파트용	2,384	1,733	4,317	6,550
업무용	199	–	699	699
합계	4,691	5,040	5,688	10,728

모터그래프(2022)에서 조사한 내용에 따르면, 경부고속도로의 총 17개 휴게소에 총 70대의 충전 장치가 설치되었다고 한다. 하지만, 실제로는 4대가 고장 났고, 17대는 설치 중이어서, 실제로 사용 가능한 충전기는 49대에 불과한 것으로 확인되었다. 현재도 실시간으로 한국

전력의 전기자동차 충전기 현황 홈페이지에서 전국의 전기자동차 충전기 현황을 즉시 검색할 수 있고, 사용 가능 여부, 고장 수리 여부 등을 확인할 수 있다.

그렇다면, 우리나라의 전기자동차 대수는 어느 정도일까? 2023년도 국토교통부에서 발표한 자료에 의하면, 2023년 상반기에만 전기자동차의 신규 등록이 7만 8천 대고, 전체 누적 대수는 46만 5천 대로 조사되었다. 이처럼 엄청나게 빠른 속도로 증가하고 있는 전기자동차의 충전 인프라의 증설이 느리다는 점이 소비자들에게는 불편함으로 다가오는 것이 현실이다. 이러한 현실적인 어려움이 현재 전기자동차 시장의 확장을 방해하는 중요한 요인임을 부인하기 어렵다.

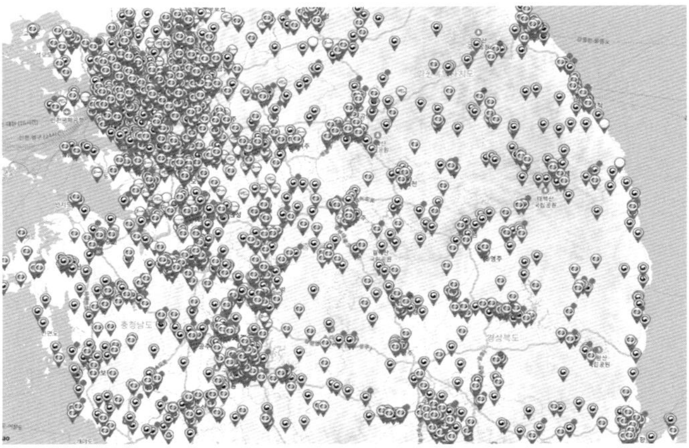

*출처: 한국전력 충전소 조회에서 발췌(https://evc.kepco.co.kr:4445/map/map.do)

〈그림 5〉 전기자동차 충전소 위치

| 3 | 자동차 기술의 발전 양상

전기자동차, 혹은 순수전기자동차에 대해 조금 더 관심을 가질 필요가 있다. 순수전기자동차는 내연기관이 없는 자동차를 말한다. 내연기관인 엔진 대신 모터와 배터리로 동력계통을 이루는 자동차이다. 전기자동차의 특징으로는 고전압 배터리를 장착하고 있다는 것이다. 고전압 배터리는 매우 크고, 무거우며, 비싼 것이 단점이나, 실내에서의 소음이 기존의 내연기관 자동차에 비해 조용한 것과 환경오염의 주요 요인인 화석연료를 사용하지 않는 것은 장점이다.

사실 전기자동차는 내연기관 자동차보다 세상에 먼저 나왔다. 프랑스의 구스타스 트루베(1881)는 사람을 태운 3륜 전기모터와 배터리를 장착한 자동차를 발명하였다. 이것은 최초의 전기자동차로 기록되고 있다(Wakefield, Ernest Henry, 1993). 하지만 그 당시 배터리 성능은 매우 낮았고, 충전하는 시간이 매우 길었다. 이런 불편은 거의 150년 이상 실제 생활에서 전기자동차를 찾아볼 수 없게 되는 이유가 되었다. 그러던 중 독일 과학자 칼 벤츠는 세계 최초로 내연기관 자동차인 페이턴트 모터바겐(1886)을 개발하고 출시했다. 내연기관 자동차보다 먼저 발명된 전기자동차는 내연기관 자동차가 출시되면서 급격히 판매가 감소되었다. 결국 전기자동차는 내연기관에 밀려 시장에서 도태되었다.

하지만 최근의 전기자동차는 배터리 기술이 비약적으로 발전하였다. 왜냐하면, 각 국가에서는 ZEV(Zero Emission Vehicle) 정책을 적극적으로 시행하고 있기 때문이다. 예를 들어, 미국에서는 전기자동차 330만대 보급, 22%의 무공해 차량 의무 판매제도를 시행 중이다. 유럽에서는 2025년까지 이산화탄소 과다 배출 차량은 페널티를 물어야 하는 제도를 시행하고 있으며, 중국에서는 신에너지 차량(전기자동차 PHEV 연료배터리자동차)에 대한 의무 판매량을 달성하지 않을 경우, 타 메이커에서

크레딧을 사들여야만 차량을 판매할 수 있는 제도를 시행하고 있다(박진호, 2020). 과거 전기자동차를 역사 속으로 사라지게 만든 이유였던 배터리의 문제가 해결되었다. 이는 전기자동차의 가장 큰 문제로 생각되었던 주행거리가 짧은 것과 충전 속도의 불편함을 단번에 해결하게 되었다. 이것은 앞서 말한 바와 같이 자동차 선진국인 미국, 독일, 영국, 프랑스, 일본, 한국, 중국 등의 여러 나라에서 연구개발 및 상품성 있는 제품으로 출시할 수 있는 원동력이 되었으며, 이는 소비자의 또 다른 선택지로서 중요한 위치를 점유하게 되었다.

생각해 보기

1. 현재 전 세계에서 가장 미래 가치가 있는 산업은 무엇이라고 생각하는가? 그리고 그 이유는 무엇인지 생각해 봅시다.

2. 미래의 자동차 산업은 어떻게 발전해 갈 것인지 생각해보고, 이를 위해서는 어떠한 산업이 선행 발전되어야 하는지 생각해 보자.

3. 전기자동차는 3가지로 구분할 수 있는데, 어떻게 구분이 되는지 확인해보고, 그 기준은 무엇인지 생각해 봅시다.

4. 전기자동차는 친환경적이고 경제적이라는 주장이 많다. 하지만 반대로 불편하다는 의견도 상당하다. 이런 불편함은 무엇이고 어떻게 하면 해결이 될지 생각해 봅시다.

2장

소비자의 자동차 구매 패턴의 변화

도입

2023년도 한국 경제를 여러 경제 연구소의 결과물에서는 부정적으로 전망하는 것을 알 수 있다. 2023년 KERI(한국경제연구소)에 의하면, 우리나라의 경제성장률이 둔화되고 있으며, 이를 해결하기 위한 한국 내의 성장력이 부재한다고 전망하고 있다. 이는 성장률 1.5%의 저성장이 지속될 수 있다는 것을 의미한다. 결과적으로 한국 경제는 불황 국면에 진입할 것을 전망하고 있다. 급격한 금리 인상, 코로나19의 여파, 각 나라마다 자국 우선 정책 등이 그것이다. 그것은 세계의 경제 전망을 어렵게 하는 또 하나의 요인으로 지목되고 있다. 미국 연방준비위원회의 급진적인 긴축기조가 과도한 수준의 민간 부채를 일으켜 금융시장의 위기르 파급되고, 이는 성장률 저하의 원인이라고 지목한 바 있다. 이는 반대급부를 만들 수 있는 충분한 내용으로 설비투자는 세계 경기 위축, 금리 인상의 자본조달 비용부담을 증가시켜, 결과적으로 -2.5%의 역성장을 기록할 것으로 전망한 바 있다. 여러 민간 산업 역시 역성장의 기조를 지속할 것으로 전망된다.

이러한 내용은 산업의 지속적 성장이라는 문제와 비교해 볼 때 소비자 물가 상승은 여러 산업으로 인해 영향을 받게 될 것이다. 또한, 소비자 물가 상승은 소비자의 구매력 저하를 일으키고, 결국 산업의 발전에 저해 요소로 작용한다는 것에는 특별한 이견이 없다고 말할 수 있다. 그렇다면 고관여 소비재인 자동차 구매는 어떤 패턴의 변화를 보이는지 살펴볼 필요가 있다.

| 1 | 소비자의 자동차 구매 방법

자동차의 온라인 판매는 최근 가장 큰 쟁점이 되고 있다. 미국의 전기차 제조 및 유통업체인 테슬라는 차량 판매를 온라인으로만 하고 있다. 이 같은 판매방식이 처음 시도되는 것은 아니다. 우리나라의 예를 들어본다면, 2016년 온라인 유통회사 '티몬'은 자동차의 온라인 판매를 처음 시도한 업체였다. 처음 시작은 '왜 자동차는 온라인으로 판매하지 않고 있는가'라는 간단한 질문에서 시작되었다. 그 작은 질문에서 시작된 자동차의 온라인 판매는 큰 시련의 시작이었다. 처음 온라인 홈쇼핑에서 판매를 시작했을 때 실적은 매우 큰 반향을 일으켰다. 20대의 자동차가 단 5분 만에 매진되는 폭발적인 소비자의 관심을 보여줬기 때문이다.

하지만 그때부터 시련이 시작되는데, 수입자동차 한국지사와 딜러사 모두 온라인 판매를 하지 않겠다는 발표를 하게 된 것이다. 이유는 '브랜드 가치 하락'이다. 이와 같은 큰 혼란에 온라인 유통회사는 '모든 책임을 지겠다'면서 차량 공급을 요청하였고, 처음 시도된 온라인 판매를 성공적으로 마무리 지으려 노력했다.

그러나 결국 자동차 공급 회사와 온라인 유통회사 간 계약의 실수로 흐지부지되고 말았다. 그 이후에도 온라인 판매를 하기 위한 노력은 지속적으로 이루어졌다. 특히 지난 코로나19 시대를 겪으면서 온라인 판매의 대상은 이제 제한이 없게 되었다. 자의 반 타의 반으로 판매방식이 대면에서 비대면으로 전환되었고, 실제로 많은 부문에서 온라인 판매가 활성화되었다.

이와 같은 현상은 우리 사회 전반적으로 비대면의 편리함을 느낀 소비자들이 직접 보고 만지고 설명을 듣는 것에 대해 과거와 다르게 생각하고 또한 행동한다는 것을 대변한다고 할 수 있다. 과거에는 필요했던 대면 판매방식을 소비자가 이제는 편리하거나 꼭 필요한 것이 아니라는 생각을 하게 된 것이고, 비대면 판매방식을 이용해 본 후 소비자 스스로가 비대면 방식이 기존 대면 방식보다 더 매력적이고 더 효율적이며 더 편하다고 인식하게 되었음을 확인하는 계기가 된 것으로 생각할 수 있다.

이승은(2023)은 고관여 제품일수록 소비자가 구매했을 때 위험이 클 뿐 아니라 위험도도 높아진다고 하였다. 특히, 자동차와 같은 제품은 두말할 것 없이 고관여 제품이라 할 수 있다. 이런 고관여 제품의 경우 더더욱 전시장 같은 대면 서비스의 장소가 필요했다. 또한 영업사원이 소비자와 만나고 설명을 하는 절차가 필요했다. 추가적으로 자동차 구입 전 차량의 시승이라는 제품의 설명 형태도 중요한 자동차 구입의 단계로 보았다. 하지만 최근의 구입행태는 과거와 많이 달라졌음을 인정해야 한다. 더불어 과거와 같은 소비행태가 더 이상 통하지 않음을 알 수 있는 사례가 많이 있음을 시사하고 있다.

예시

1. 최근 테슬라 전기차를 구입한 김모(남, 30세)는 "바쁜 현대 사회에 매장을 직접 방문해 차량을 계약하기란 쉽지 않다."면서 "인터넷에 이미 차량 정보가 다 나와 있고, 간단하게 인터넷으로 차량 구매를 하는 것이 편하다."라고 말하며 온라인으로 차량을 구입하였다.

2. 국내에서는 어렵지만, 해외에서는 국산자동차의 온라인 판매를 볼 수 있다. 한국을 대표하는 자동차회사도 해외에서는 이미 '디지털 소룸' 형태를 바탕으로 한 온라인 판매를 시행하고 있고, 중요한 것은 의미 있는 결과를 도출하고 있다는 것이다. 그 업체의 경우 한 달 평균 약 14,000명이 방문할 정도로 인기가 높다.

2 소비자의 자동차 구매 방법의 변화

소비자의 자동차 구매방식 혹은 자동차의 판매방식이 과거에는 대면 방식이 대부분이었다. 하지만 코로나19 이후 많은 상품과 서비스에 변화가 있었듯이, 자동차 판매 및 구매의 방식에도 큰 변화가 있다. 딜로이트(Deloitte)에서 발표한 자동차 구매의향 리포트(2023)를 살펴볼 필요가 있다. 코로나19와 반도체 공급 부족 사태 등, 세계적으로 많은 이슈가 있던 기간임은 분명하다. 특히 코로나19는 단체생활 혹은 단체로 움직이는 그런 생활하기가 상당히 힘든 시기였기에, 개인적으로 사용할 차량의 수요는 폭발적으로 증가하였고, 이로 인해 자동차회사의 판매를 위한 계약 실적은 크게 향상되었다. 하지만 때마침 자동차용 반도체의 수급 이상으로 인해 자동차의 생산 차질이 빚어졌다. 이 같은 이유로 자동차 계약자들은 길게 1년 이상을 기다리는 현상이 나타났다.

하지만 코로나19가 지난 지금의 자동차 구매의향지수는 어떤가? 2022년 7월경 구매의향지수는 119.3으로 최고치를 나타냈으나 2023년 4월에는 73.3 정도로 크게 하락한 모습을 볼 수 있다. 왜 이런 결과가 나타났을까? 왜 자동차 구매의향이 급락하게 되었을까? 상황이 크게 달라진 것은 거의 없다. 코로나19 이후 사람들의 생활방식이 코로나19 때를 벗어난 지금 완전히 그 이전과 같이 돌아가지 않고 있다. 어쨌든 자동차 가격의 상승이 원인일까? 아니면 세계적인 인플레이션으로 인해 미국에서 촉발된 금리 인상이 원인일까? 그것도 아니면 세계 경제 상황과 자동차 제조 수급의 불균형, 소비자 인식의 변화 등 복합적인 것으로 어느 하나를 꼽기가 어려운 것일까? 우리는 이러한 현상들에 주목할 필요가 있고, 이 같은 현상을 해석하는 것은 가치 있는 일이라고 생각해야 할 것이다.

3 | 경제 상황이 자동차 소비에 미치는 영향

사전적으로 상황 거시경제는 무엇을 뜻하는 말일까? 그것은 모든 개별경제 주체들의 상호작용 결과로 나타나는 한 나라의 경제 전체 현상을 말한다고 정의한다. 자동차 구매 패턴에 영향을 미치는 것은 금리 인상을 빼놓고 말하기는 어렵다. 그것은 신차 판매와 중고차 판매 모두에 영향을 미치고 있으나 사실은 중고차 판매에 좀 더 영향을 미치고 있다. 경제 뉴스를 보면 자동차 판매와 관련되어 많은 기사 중 가장 많은 기사는 중고차량의 판매 부진이라고 말할 수 있다. 금리 인상 영향은 신차 판매와 중고차 판매 모두에 영향을 주고 있음을 부인하지는 못한다. 왜냐하면, 금리 인상은 결국 소비심리의 위축을 나타내기 마련이기 때문이다. 하지만 왜 중고차 판매에 더 영향을 미치게 되었을까? 그것은 중고차 판매 및 구입 시 소비자가 비용을 조달할 경우 금융 비용이 신차 구입 대비 2배 이상의 금리 차이가 발생하기 때문이고 이 같은 차이가 주요 원인이라고 말할 수 있다.

2023년 6월 기준으로 신차 구입 시 금리는 소비자의 신용도와 차량의 종류 그리고 구입대상 차량의 금액에 따라 다르겠으나 평균적으로 7% 정도로 나타났다. 그러나 중고차 구입 시 필요한 금리는 평균적으로 15% 정도로 거의 두 배를 나타내고 있다. 이는 소비자들의 중고차 구입을 방해하고 있는 요소로 작용하고 있다. 아울러 신차와 중고차에 대한 금리는 2022년 대비 거의 2배 이상 증가한 것으로 나타나 중고차 시장의 어려움을 조성하며, 이는 중고차시장에 유입되는 상품성이 있는 중고차의 진입 조차 가로막는 역할을 하고 있다. 사실 상품성 있는 중고차의 유입은 신차 판매와 함께 상품성 있는 중고차 유입으로 연결되며, 신차의 판매 부진은 상품성 있는 중고차량의 유입 또한 가로막는다. 상품성이 있는 중고차량이 감소하는 문제는 결국 소비자의 발걸음을 되돌리는 결과를 초래하며, 또한, 중고차량의 거래가 감소하면 중고차량의 가격은 자연스럽게 하락하게 된다. 그러면 소비자의 중고차량 구매 수요가 있어도, 상품성 있는 중고차량이 시장에 적으므로 소비자는 경쟁력 있는 자동차를 구매할 수 없게 될 뿐만 아니라, 이로 인하여 자동차 소비시장은 더욱 위축되는 악순환을 초래하게 된다.

이런 일련의 내용들은 자동차 시장의 위축으로 근무하는 사업자에게 큰 시련일 수 있겠으나, 결국에는 그것을 소비하는 소비자들에게도 결코 도움이 되지 않는 상황임을 인식해야 할 것이다.

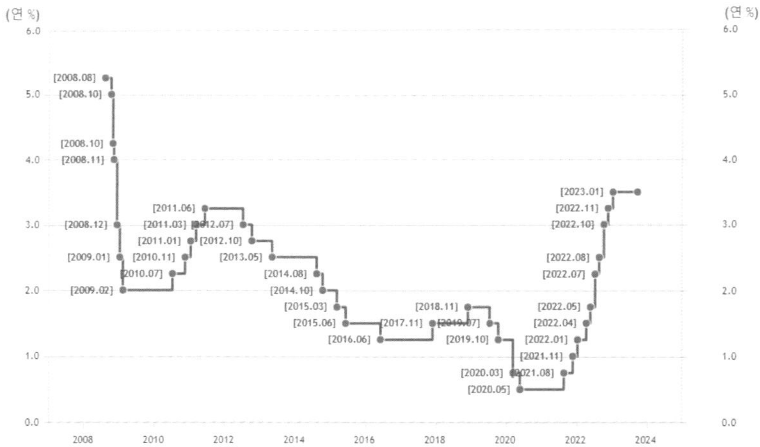

*출처: 한국은행 기준금리 추이(2023년 11월 기준)

〈그림 6〉 한국은행 기준금리 변동 추이

4 | 자동차 제조 수급 불균형

자동차 산업은 최근 차량용 반도체의 수급 불균형으로 인해 생산에 어려움을 겪고 있다. 이러한 문제는 왜 일어났을까? 오늘날 자동차 시스템은 과거와는 다르다. 바로 전자시스템의 채용이다. 김영석과 김시월(2013)은 과거의 자동차는 기계적인 동작 혹은 간섭을 통해 자동차를 움직이는 시스템이었다면, 최근의 자동차는 매우 복잡하고 편의장치를 잔뜩 가지고 있는 전자제품의 집합체라고 표현하였다. 이런 복잡한 편의장치를 갖기 위해서는 필수적으로 반도체, 전자장치가 많을 수밖에 없다. 왜 이런 장치가 많아지고 있을까? 그것은 소비자들이 원하고 있기 때문이다. 예전에는 값비싼 자동차의 옵션 사양이 여러 편의장치이었다면, 지금은 대중적인 자동차를 소비하는 소비자들도 과거 값비싼 자동차의 옵션을 갖고 싶은 요구가 늘어나게 되고 그런 요구를 반영한 자동차의 판매가 많아지게 되면서 자동차회사는 그런 소비자의 요구를 더 외면하기 힘들게 되었다. 따라서 시간이 갈수록, 최신 자동차일수록 안전장치, 편의장치가 늘어나게 되고, 결국에는 더 많은 전자적 장치가 필요하게 되는 것이다.

자동차가 똑똑해진다는 말이 있다. 알아서 주행한다는 말도 심심치 않게 들리고 있다. 어떤 자동차들은 소비자의 기분에 따라 음악을 들려주기도 한다. 또는 특별한 향수를 내뿜기도 해 기분을 가라앉히거나 혹은 기분을 좋게 만들기도 한다. 시트의 기능 중 안마 기능은 이제 기본 중의 기본이 되어가고 있다. 요즘 가장 트랜디한 옵션 중 하나가 엠비언트 라이트 기능이다. 실내 조명에 LED 제품을 집어넣어 시간에 따라 혹은 소비자가 원하는 색으로 실내를 치장할 수도 있다. 이 모든 것은 무엇으로 인해 발생하고 있는가? 소비자가 원해서일까 아니면 기술의 발전에 따라 소비자가 제품을 구매한 결과 발전한 것일까? 이제

자동차 회사에서는 소비자의 요구와 환경적인 법규, 그리고 전기 · 전자 기술의 발전에 따라 자동차에는 상당히 많은 전기 · 전자 제품이 추가될 수 있는 것은 분명하다. 특히 반도체가 자동차의 핵심 부품이라고 설명할 수 있다.

최근의 소비자는 앞서 말한 편의장치도 중요하지만, 안전장치 또한 중요하게 생각한다. 과거의 자동차는 시동 걸고, 주행하고, 서고, 주차하고, 차선을 유지하고, 앞에 어떤 물체가 있더라도 운전자가 모두 인지하고 그것에 대처해야 하는 제품이었다. 하지만 이제는 그렇게 하지 않더라도 자동차가 어느 정도 그 안전에 도움을 준다. 물론 현시점에서 전적으로 그것을 믿으면 안 되는 것이고, 자동차 제조사에서도 보조주행장치라는 말로 자동차 운전의 결과는 운전자에게 있다는 것을 강조하지만 말이다. 어찌 되었든, 최신의 자동차는 스스로 출발할 수도 있다. 또한, 스스로 멈출 수도 있다. 차선을 유지할 수도 있다. 운전자가 졸거나 하면 경고음을 울릴 수도 있다. 심하면 차선을 스스로 변경할 수 있고, 비상등을 스스로 켜고, SOS를 경찰서나 병원 혹은 자동차 서비스센터로 정보를 전달하기도 한다. 갑자기 튀어나오는 물체에 운전자보다 먼저 대응하고 차량을 서게 하거나 혹은 회피하는 기능도 가지고 있다. 이것은 기술의 발전에 따른 소비자의 결정일 수 있겠다. 혹은 기술 발전이 가져온 또 다른 소비의 촉진일 수도 있겠다.

하지만 결과적으로 소비자는 다양한 자동차 중에서 선택할 수 있게 되었다. 그뿐만 아니라 기술의 발전에 따라 다양한 편의장치를 경험할 수 있으며, 더욱 안전한 운행이 가능해질 것이다.

| 5 | 소비자 인식 변화

이동수단의 다변화는 소비자의 자동차는 인식을 변화시켰다. 과거에는 자동차를 반드시 소유해야 하는 것으로 생각하게 되었고, 차량을 나누어 쓰는 것에 거부감이 있었던 것이 사실이었다 하지만 젊은 층을 중심으로 공유 문화가 점차 자연스러워지면서 자동차에도 역시 공유 서비스가 등장하게 되었으며, 더욱이 스마트폰의 대중화는 이런 셰어링 서비스 문화의 발전을 더욱 부추기게 되었다. 과거에는 자동차 렌트가 특별한 일이었다. 자동차 렌트는 법적인 내용과 자동차 자체를 확인하는 내용 등 여러 복잡한 과정이 숨겨져 있다. 자동차 렌트를 원하는 소비자는 렌트 업체에 방문하여 계약서를 작성하고 차량의 상태를 확인하며, 추가적인 보험까지 들고 나서야 차량을 이용할 수 있는 복잡하고 법적인 내용과 함께 공급업체의 비양심적인 행태로 인해 피해를 보는 소비자가 있다는 것은 소비자원의 조사 결과로 확인할 수 있다(소비자원, 2019).

하지만 최근에는 이러한 번거로움이 없이 집 근처의 어느 주차장에 마련된 공유 업체의 렌터카를 핸드폰 애플리케이션의 몇 가지 입력만으로 차량 종류, 연식, 그리고 차량의 위치, 사용가격 등을 쉽게 알 수 있다. 뿐만 아니라 동시에 계약까지 쉽게 이용 가능한 서비스를 요구하는 소비자가 증가하고 있다는 것을 인식해야 한다. 그리고 최근 이러한 서비스를 제공하는 회사는 세계적으로 급속히 증가하고 있고, 국내에서는 관련 사업에 진출한 몇몇 회사가 흑자를 기록하고 있다는 기사를 확인할 수 있다. 이와 같은 현상은 소비자의 소비 패턴 변화를 주도하고 있거나 아니면 소비자의 요구에 맞춰 기업이 발 빠르게 대처하는 모양으로 발전하고 있다. 이는 전 세계적인 추세일 뿐 아니라 자원의 효율적인 활용 면에서도 긍정적이라고 할 수 있다.

생각해 보기

1. 자동차 산업에서 소비자의 역할은 무엇인지 생각해 봅시다.

2. 자동차 산업의 최신 기술은 소비자의 요구에 따른 발전인가 아니면 자동차 기술의 발전에 소비자가 따라가는 현상인가? 그리고 이와 같은 현상이 초래하게 될 소비자의 편익은 무엇인지 생각해 봅시다.

3. 자동차 공유가 최근 많은 기술적 발전과 플랫폼의 발전에 힘입어 빠르게 발전하고 있다. 이와 같은 자동차 공유는 소비자의 생활 혹은 경제에 어떤 영향을 미칠 것인지 생각해 봅시다.

3장

코스메틱 산업 현황 및 미래

도입

4차 산업혁명 시대의 도래와 함께 다른 산업군과 마찬가지로 화장품 산업에서도 기술혁명의 바람이 거세게 불고 있다. 특히, 인공지능(AI), 가상현실, 증강현실, 자율주행자동차, 3D 프린팅, 안면인식 기술과 같은 첨단기술과 결합된 다양한 뷰티 서비스를 제공하기 위한 화장품 업계의 노력이 활발해지고 있다.

코스메틱 산업은 첨단 IT 기술을 빠르게 접목하여 성장하는 산업 분야 중의 하나라고 할 수 있다. 국내 화장품 대표 기업인 아모레퍼시픽은 프리미엄 편집숍인 '아리따움 O2O'라는 온라인, 오프라인 플랫폼을 개발하여 스마트한 쇼핑 시스템을 제공하기 위해 노력하고 있다. 또한 글로벌 대표 화장품 기업인 '로레알'에서는 '메이크업 지니어스'라는 애플리케이션을 개발하여 증강현실 기술로 로레알 화장품이 소비자에게 얼마나 잘 어울리는지 애플리케이션 화면으로 제시하여 소비자의 편의성을 높이고자 노력하고 있다.

이처럼 코스메틱 산업과 4차 산업혁명의 최첨단 기술의 융합이 활발하게 일어나는 현시점에서, 코스메틱 산업의 현황을 분석하고, 미래를 예측하는 것은 매우 필요한 사항이다. 따라서 이번 장을 통해 코스메틱 산업의 주요 현황을 알아보고, 이러한 흐름에 따라 미래의 코스메틱 산업이 어떻게 변화될지 예측하고, 이러한 변화에 따라 어떠한 대비책을 마련해야 하는지를 숙지하고 토론하게 될 것이다.

| 1 | 4차 산업혁명이 가져온 '스마트 코스메틱' 시장

1) 4차 산업혁명의 정의

4차 산업혁명이란, 인공지능(AI), 사물인터넷(IoT), 로봇기술, 드론, 자율주행차, 가상현실(VR) 등이 주도하는 차세대 산업혁명을 뜻한다. 이 용어는 2016년 6월 스위스에서 열린 다보스 포럼(Davos Forum)에서 포럼의 의장이었던 클라우스 슈밥(Klaus Schwab)이 처음으로 사용하면서 더욱 알려지게 되었다. 당시 슈밥 의장은 "이전의 1, 2, 3차 산업혁명이 전 세계적 환경을 혁명적으로 바꿔 놓은 것처럼 4차 산업혁명이 전 세계 질서를 새롭게 만드는 동인이 될 것"이라고 밝힌 바 있다.

또한 클라우스 슈밥은 4차 산업혁명은 단순히 기기와 시스템을 연결하고 스마트화하는 데 멈추지 않고, 훨씬 넓은 범주까지 포함한다고 하였다. 유전자 염기서열분석에서 나노기술 재생가능에너지에서 양자컴퓨팅까지 다양한 분야에서 거대한 약진이 동시다발적으로 일어나고 있다. 이 모든 기술이 융합하여 물리적 영역, 디지털 영역, 생물 영역이 상호교류하는 4차 산업혁명은 종전의 그 어떤 혁명과도 근본적으로 우리 일상을 변화시킬 것이라고 주장하였다.

앨빈 토플러가 제3의 물결을 부르짖은 이후 제4의 물결 후보군은 꽤 다양하게 예측 언급되고 있다. 우선 앨빈 토플러 본인은 생명공학과 우주공학을 거론하였다. 이른바 거대과학 중에서도 많은 자본을 요구하는 분야로 말이다. 하지만 강력한 후보들은 4차 산업혁명 중에서도 그리 먼 미래가 아닌, 비교적으로 현실적인 기술들에서 찾아볼 수 있다. 2016년 다보스포럼에서 바이오산업, 3D 프린터, 로봇, 인공지능, 스마트폰이 제4의 물결 후보군으로 선정되었으며, 신기술들이 유발하는 문제점과 이들이 상쇄할 이점으로 낙관적 시각과 비관적 시각이 공존하고 있다. 애초에 제3의 물결도 장단점을 통틀어서 비용 절감을 부른 것이라 후기 산업혁명이란 반론도 나오는 판국이라 닳은 민간 자본 유치나 실시간으로 소비가 가능한 분야들이 제4의 물결로 손꼽히고 있다(위키백과, 나무위키, 2023).

2) 4차 산업혁명의 주요 흐름

4차 산업혁명의 주요한 기술적 흐름은 다음과 같다.

(1) 인공지능(Artificial Intelligence, AI)

인간의 인식 판단, 추론, 문제 해결, 언어나 행동 지령, 학습 기능과 같은 인간의 두뇌 작용과 같이 컴퓨터 스스로 추론·학습·판단하면서 작업하는 시스템을 가리킨다.

(2) 사물인터넷(Internet of Things, IoT)

생활 속 사물들을 유무선 네트워크로 연결해 정보를 공유하는 환경을 말한다. 즉, 각종 사물들에 통신 기능을 내장해 인터넷에 연결되도록 해 사람과 사물, 사물과 사물 간의 인터넷 기반 상호 소통을 이루는 것이다. 이를 통해 가전제품과 전자기기는 물론 헬스케어, 원격검침, 스마트홈, 스마트카 등 다양한 분야에서 사물을 네트워크로 연결해 정보를 공유할 수 있다.

(3) 자율주행 자동차(Self-driving car)

운전자가 브레이크, 핸들, 가속 페달 등을 제어하지 않아도 도로의 상황을 파악해 자동으로 목적지까지 주행하는 자동차를 말한다. 정확하게는 무인 자동차(Driverless Car, 운전자 없이 주행하는 차)와 다른 개념이지만, 혼용되어 사용되는 것이 현실이다. 그러나 레벨 4 이상의 완전자율주행자동차가 상용화되면 자율주행자동차에 대한 개념 및 인식이 더욱 명확해질 것이다.

(4) 가상현실(Virtual Reality, VR)

컴퓨터로 만들어 놓은 가상의 세계에서 사람이 실제와 같은 체험을 할 수 있도록 돕는 최첨단 기술을 말한다. 주로, 머리에 장착하는 디스플레이 디바이스인 HMD를 활용해 체험할 수 있다. 이러한 가상현실은 의학 분야에서는 수술 및 해부 연습에 사용되고, 항공 · 군사 분야에서는 비행기 조종 훈련에 이용되는 등 각 분야에 도입되어 활발히 응용되고 있다.

(5) 드론(Drone)

조종사 없이 무선전파의 유도에 의해서 비행 및 조종이 가능한 비행기나 헬리콥터 모양의 군사용 무인항공기(unmanned aerial vehicle, UAV/uninhabited aerial vehicle)의 총칭이다. 2010년대를 전후하여 군사적 용도 외 다양한 민간 분야에도 활용되고 있다. 대표적인 것이 화산 분화구 촬영처럼 사람이 직접 가서 촬영하기 어려운 장소를 촬영하거나, 인터넷 쇼핑몰의 무인(無人)택배 서비스가 있다.

2 인공지능(AI)과 코스메틱

1) 인공지능의 정의

인공지능(人工智能) 또는 AI(artificial intelligence)는 인간의 학습능력, 추론능력, 지각능력을 인공적으로 구현하려는 컴퓨터 과학의 세부 분야 중 하나이다. 자연 언어의 이해, 음성 번역, 로보틱스, 인공 시각, 문제 해결, 학습과 지식 획득, 인지 과학 등에 응용되고 있다. 인간을 포함한 동물이 가지고 있는 지능 즉, Natural Intelligence와는 다른 개념이라고 할 수 있다.

인공지능은 지능을 가지고 있는 기능을 갖춘 컴퓨터 시스템이며, 인간의 지능을 기계 등에 인공적으로 시연(구현)한 것이다. 일반적으로 범용 컴퓨터에 적용한다고 가정한다. 또한 이 용어는 그와 같은 지능을 만들 수 있는 방법론이나 실현 가능성 등을 연구하는 과학 기술 분야를 지칭하기도 한다.

2) 인공지능의 발전 및 현황

많은 사람이 인공지능에 대해 이유를 알 수 없는 두려움을 느끼고 있다. 특히, 알파고는 수년 전부터 전방위적으로 쓰이고 있던 딥러닝 방식을 바둑에 적용한 기술로 현 인공지능 수준에 대한 현황을 알 수 있는 사례 정도라고 보아야 할 것이다. 바둑은 경우의 수 자체는 엄청나게 많지만, 게임이라는 분명한 틀과 분명한 목적을 가지는 영역인 만큼 사진 및 언어 인식 연구 등에 비하면 매우 단순한 영역이라고 할 수 있다. 알파고는 다음 돌을 놓을 위치를 선택하는 정책망과 해당 위치에 돌을 놓았을 때의 승리 확률을 예측하는 가치망이라는 2개의 인공신경망을 활용한다. 그리고 그 인공신경망이라는 것도 실제 인간 뉴런의 작동방식과는 전혀 관계없는, 데이터로부터 어떤 함수를 근사하는 일종의 회귀 모형일 뿐이다. 단지 그 모형이 수백만~수억 개의 매개변수를 지닐 정도로 복잡하고 표현력이 높아서 바둑의 수에 따른 승률 같은 매우 복잡한 함수도 근사가 가능할 뿐이다. 사실 인공신경망 구조는 수십 년 전부터 알려져 있었고, 뉴런 수를 무한히 늘릴 수 있으면 어떤 함수든 표현이 가능하다는 것도 예전에 증명되었다. 최근 들어 인공신경망이 각광을 받는 이유는, GPU의 발전으로 인해 엄청난 계산량이 필요한 깊은 인공신경망 모형을 학습시키는 것, 소위 말하는 딥러닝이 가능해졌기 때문이다.

인공지능의 구현에 대해 비관적인 인식은 2022년 후반기에 공개된 Chat GPT가 공개된 이후 완전히 바뀌었다. Chat GPT의 등장으로 걸음마 수준의 기술에 머물고 있던 인공지능에 대한 박한 평가는 매우 급격히 바뀌었으며, 강인공지능은 SF 수준의 불가능한 미래라는 주장부터 짧으면 21세기 중후반에나 가능할 것이란 기존의 주장들이 거의 다 바뀐 상태이다.

특히 인공 일반 지능(Artificial General Intelligence, AGI)의 근시일 내 개발을 우려하는 목소리가 2022년 11월을 기점으로 급증했고, 제프리 힌튼은 기존의 인공 일반 지능(AGI)은 먼 미래에나 도래할 것이라는 입장을 완전히 철회하고 의미심장한 발언을 남기며 구글을 퇴사했다. 미국 정부가 직접 나서서 인공지능에 대해 잠재적 위험성을 완화시킬 안전 대책과 윤리문제, 신뢰성 문제를 주제로 각계각층의 CEO들을 소집하기도 했으며, 구글 딥마인드의 CEO인 데미스 하사비스는 인공 일반 지능이 곧 인간 수준의 인식 능력을 가질 것이라고 말했다. 심지어는 "앞으로 몇 년 내에 볼 수 있을 것"이라고 내다보았다.

2020년대 이후의 AI에 대한 성과를 요약하면, 기존의 강인공지능에 대한 관념은 위에 서술되어 있던 대로 일종의 불가능한 목표로 인식되고 있었고, 자아와 의식을 규명해야 한다는 의견과 심지어 양자역학까지 건드리고 있었을 만큼 실마리를 못 찾고 있었다. 그러다가 어느 날 Open AI가 창립되고 구글이 개발한 트랜스포머 구조와 강화학습 기반 신경망을 활용해서 LLM(언어모델)을 만들었는데, Open AI 개발자들은 그동안 꾸준히 발전된 컴퓨터 연산 능력을 기반으로 스케일을 엄청나게 늘리면, 원래 대화도 잘 통하지 않던 언어모델이 어느 순간을 기점으로 유창한 대화를 하기 시작한 것을 발견했다. 현재 Open AI가 출시한 GPT-3와 같은 LLM에 대해 과학자들은 추상적으로 '이런 식으로 작동할 것이다'라고 추측만 할 뿐, 사실 그 누구도 어떤 이유로 단순히 들어가는 데이터만 늘린다고 어느 순간 인공지능이 되는 것인지 명확하게 밝혀내지는 못하고 있다.

3) 주요 화장품 기업의 인공지능 도입 사례

앞에서 살펴본 인공지능 기술은 화장품 산업에도 활발하게 적용되어 화장품 산업을 변화시키고 있다. 특히, 인공지능이 개인의 피부나 헤어 상태를 체크한 후 그에 맞는 화장품이나 미용 제품을 추천하는 초개인화 맞춤형 뷰티 시장이 새롭게 부상하고 있다. 화장품부터 뷰티 디바이스, 진단 기기, 설문 상담 애플리케이션에 이르기까지 생활 속 뷰티 제품들이 인공지능과 만나 맞춤형 뷰티 서비스로 빠르게 진화하고 있다.

예를 들면, 우리나라 대표 화장품 기업인 아모레퍼시픽은 맞춤형 스킨케어 브랜드인 커스텀미(CUSTOM.ME)를 통해, 신제품 비스포크 에센스를 2023년 2월 1일 공식 출시한다고 밝혔다. 수십 년간, 화장품 판매를 통해 축적된 100만여 건의 피부 데이터를 바탕으로 인공지능(AI) 기술을 통해 소비자 맞춤 화장품을 제조하여 개개인의 소비자에게 맞는 화장품을 직접 제공하는 것이 가능해진 것이다.

비스포크 에센스는 커스텀미 플러스 앱과 커스텀미 공식 홈페이지를 통해 구매할 수 있다. 해당 앱 또는 웹사이트의 피부 분석 페이지에서 휴대폰 카메라로 얼굴을 촬영하면 인공지능 기술이 즉각적으로 주름, 색소 침착, 모공, 홍반(민감도) 등 피부 상태를 분석한다. 이후 평소 피부 고민이나 생활 습관에 관한 설문에 응답을 마치면, 피부 상태를 고려한 두 가지 효능 성분과 피부 타입 및 라이프스타일에 적합한 제형을 조합해 주문 후 조제된다. 주문 과정에서 측정한 모든 데이터는 개인별 피부 분석 리포트 형태로 확인할 수 있으며, 구매 후 4주간 1:1 매니저 서비스를 통해 전문가의 상담까지도 받을 수 있다.

또한 국내 대표적인 화장품 ODM 회사인 코스맥스는 인공지능 기술을 활용, 화장품의 사용감을 측정하는 텍스처 표준 측정 기술 개발에 성공해 화장품 개발 패러다임 전환 가속화를 선언하였다.

*출처: 아모레퍼시픽 홈페이지 발췌(https://www.apgroup.com/int/ko/news/2022- 08-03.html)

〈그림 7〉 아모레퍼시픽 맞춤형 스킨케어 브랜드 '커스텀 미'

이 기술은 화장품 발림성과 유변물성(물질의 점도·탄성 등) 간의 관계를 규명하고 기계학습(machine learning)을 이용해 발림성을 자동으로 수치화한다. 그동안 화장품 사용감 평가에서 개인의 주관적인 판단 개입이 불가피했다. 따라서 동일한 제품을 사용하더라도 개인마다 표현하는 발림성, 수분감의 정도는 다르게 나타날 수밖에 없는 상황이었다. 그러나 이번에 개발 성공한 텍스처 표준 측정 기술은 화장품의 사용감을 구체화하고 정량화 수치로 나타낸다. 사람의 개입 없이 텍스처의 수준 측정이 가능해 제품 개발 속도를 단축하고 품질 검증 속도를 높일 수 있다. 원하는 대로 사용감을 정밀하게 조정해 맞춤형 화장품 개발 등에 폭넓게 적용이 가능할 것으로 기대하고 있다.

위의 사례들을 통해 인공지능을 비롯한 다양한 4차 산업혁명 관련 기술들은 더 이상 IT 분야에만 적용되는 기술이 아니라 다양한 산업에 영향을 줄 수 있는 기술이며, 적용이 가능함을 알 수 있다. 특히, 코스메틱 산업 분야에서의 적용 사례를 통해 앞으로 이러한 적용 사례는 더욱 늘어날 것이며, 코스메틱 산업 분야에서도 미래 대비책을 세우고, 준비해야 함을 알 수 있다.

| 3 | 가상현실, 증강현실과 코스메틱

1) 가상현실, 증강현실의 정의

대부분의 많은 사람들이 '가상현실(Virtual Reality, VR)'과 '증강현실(Augmented Reality, AR)'을 혼동하고 있다. 가상현실은 자신(객체)과 배경 · 환경 모두 현실이 아닌 가상의 이미지를 사용하는 데 반해, 증강현실은 현실의 이미지나 배경에 3차원 가상 이미지를 겹쳐서 하나의 영상으로 보여주는 기술이라고 할 수 있다. 증강현실은 또한 혼합현실(Mixed Reality, MR)이라고도 하는데, 비행기 제조사인 '보잉' 사에서 1990년경 비행기 조립 과정에 가상의 이미지를 첨가하면서 '증강현실'이 처음으로 세상에 소개되었다.

증강현실과 가상현실은 서로 비슷한 듯하지만, 그 주체가 허상이냐 실상이냐에 따라 명확히 구분된다. 컴퓨터 게임으로 예를 들면, 가상현실 격투 게임은 '나를 대신하는 캐릭터'가 '가상의 공간'에서 '가상의 적'과 대결하지만, 증강현실 격투 게임은 '현실의 내'가 '현실의 공간'에서 가상의 적과 대결을 벌이는 형태가 된다. 이러한 이유로 인해, 증강현실이 가상현실에 비해 현실감이 훨씬 더 뛰어나다는 특징이 있다.

이 밖에 가상현실은 일반적으로 영화나 영상 분야 등 특수 환경에서만 사용되지만, 증강현실은 현재 일반인들에게도 널리 활용될 만큼 대중화된 상태라고 할 수 있다. 예를 들어, 인터넷을 통한 지도 검색, 위치 검색 등도 넓은 의미에서는 증강현실에 포함된다고 할 수 있다. 특히, 스마트폰의 보급이 증가함에 따라 스마트폰을 통한 증강현실의 사용은 더욱 확대될 것으로 기대하고 있다.

2) 가상현실, 증강현실의 발전 및 현황

가상현실은 실제로 존재하지 않는 현실을 구현하고 이를 하드웨어를 통해 우리의 감각과 인지를 활용하는 기술이다. 이와 달리 증강현실은 현실 세계 위에 가상정보를 입혀 보여주는 기술로 가상현실과의 가장 큰 차이점은 주체가 실제인지 허상인지에 있다.

가상현실이라는 개념은 공상과학소설 작가 스텐리 와인봄(Stanley G.

Weinbaum)의 작품 피그말리온의 안경에서 처음으로 소개되었다. 1950년대부터 연구가 본격적으로 시작되어 1965년 유타 대학의 이반 서덜랜드(Ivan Edward Sutherland)에 의해 고안된 최초의 가상현실 시스템, 헤드 마운티드 디스플레이가 탄생했다. 하지만 가상현실이라는 용어를 대중적으로 사용하게 된 것은 1987년 재런 레니어(Jaron Lanier)가 VPL연구소를 설립해 VR 고글과 장갑을 개발하고 난 이후다.

가상현실은 스포츠, 의료 및 군수 분야에서 다양하게 적용되고 있다. 스포츠 분야에 있어서 가상현실은 선수들의 기량을 증진시키기 위해 최초로 사용되었는데 몰입형 가상현실 시스템과 같은 프로그램은 선수들이 직접 체험하는 것과 같은 현실감과 생동감을 느낄 수 있게 하고 다양한 환경을 부여하여 선수들의 능력 발전에 도움을 준다. 이 외에도, 운동선수의 시점에서 경기를 중계하는 가상현실 프로그램, VR 사이클 라이딩 등이 개발되고 있다.

의료 분야에서는 해부학 실습을 위한 3차원 해부도 및 시뮬레이션, 가상 내시경, 모의수술 등에 가상현실 기술이 사용되고 있다. 가상 내시경은 인체 내부를 가상공간에서 탐험하면서 해당 부위를 살펴보는 것이다. 모의 수술은 가상의 인체를 들여다보면서 실제로 수술할 때와 똑같은 감각을 느끼면서 수술 실습을 행할 수 있는 기술로 비용과 시간적 측면에서 기존에 수술 실습이 가지고 있던 단점을 해결할 수 있기에 조명받고 있다.

군사 분야에서는 전투기나 헬기 등의 시뮬레이션 조종 연습에 가상현실 기술이 사용되고 있다. 항공기 훈련 시뮬레이터는 실제 항공기를 별도로 준비할 필요 없이, 항공기 운항 중 일어날 수 있는 정상/비정상 상황까지 효과적으로 훈련할 수 있도록 개발되어 조종사의 기량 발전에 도움을 주고 있다.

증강현실은 항공기 제조사 보잉의 기술자 톰 카우델(Tom Caudell)이

항공기 전선 조립 과정의 가상 이미지를 실제 환경에 합성해 설명하여 처음 등장하게 된 개념이다. 1992년 미국 암스트롱 공군 연구소는 버추어픽스처(Virtual Fixtures)라는 AR 시스템을 개발하였고, 이는 군수산업과 자동차, 항공기 제조산업에서 주로 사용되고 있다.

현재, 보잉은 항공기의 전선 조립을 보조하는 시스템을 개발하여 현재 현장에서 시험 운영하고 있다. 미 항공 우주국(NASA)은 우주인 훈련시스템을 개발해 복잡한 기계의 조립, 유지보수에 필요한 정보를 헤드마운트 디스플레이를 착용한 사용자가 실제 장비를 보면서 작업에 필요한 정보를 즉시 획득하게 하였다. 또한, 미국과 일본에서는 증강현실을 원격의료 진단, 방송, 건축설계, 제조공정관리 등에 활용하고 있다.

3) 주요 화장품 기업의 가상현실, 증강현실 도입 사례

화장품 산업의 경우 코로나19와 독감 바이러스와 같은 전염병 이슈와 위생적인 문제로 인해 소비자들이 테스트 제품을 직접 사용하는 것이 불편하게 느껴지게 되면서, 가상으로 제품 체험 및 쇼핑 경험을 제공하려는 화장품 기업들의 노력이 다양한 방법으로 시도되고 있다.

먼저 아모레퍼시픽은 2022년 6월 롯데백화점 청량리점에 AR 체험형 서비스를 제공하는 아모레스토어를 오픈했다. 아모레스토어는 AR 디바이스로 얼굴을 촬영한 뒤 화면에서 제품을 선택할 수 있다. 여러 가지 화장품을 직접 얼굴에 발라보지 않아도 테스트해 볼 수 있도록 한 서비스이다. 아이라이너와 마스카라도 눈 모양을 따라 증강현실 기술을 통해 자동적으로 입혀진 것을 소비자가 확인할 수 있다.

또한 글로벌 화장품 기업인 에스티 로더도 팬데믹 직후 가상으로 메이크업을 시현해 보는 VTO(Virtual Try On) AR 플랫폼을 오픈했다.

에스티 로더 측에 따르면 가상 메이크업 서비스 이용자가 최근 100만 명을 넘어섰다고 발표하였다. 이용자들은 결과 이미지를 스냅챗과 같은 소셜 미디어에 공유할 수도 있다.

마지막으로, LG생활건강은 2023년 6월 '환유 국빈세트'를 온라인 VR 전시회로 선보였다. '후'가 문화재청과 함께 전개해오고 있는 궁중 문화 캠페인 중 하나로 기획되었다. 6월 25일 '후'의 모바일 홈페이지를 통해 공개한 온라인 VR 전시는 '궁중자수, 왕후의 염원을 담다'를 주제로 경복궁 교태전에 전시한 환유 국빈세트와 장인의 궁중 자수 작품을 생생하게 담았다. 업계에서는 이러한 최신 IT 기술을 접목한 가상 체험 서비스를 통해 즐길 거리 및 고객 소통도 늘리고, 반품률도 줄일 수 있을 것으로 기대하고 있다.

- 오프라인 전시로 선보였던 '환유 국빈세트' 처음으로 온라인 VR 전시로 선보여, 국내는 물론 해외에서도 궁중 문화의 가치와 아름다움을 생생하게 경험할 수 있어
- 자수장 최유현 장인과 예술적 조우로 탄생한 '환유 국빈세트 궁중 자수함', 왕후의 염원을 담은 디테일한 자수문양에서 섬세함과 고귀함의 극치 느낄 수 있어

*출처: LG생활건강 홈페이지 발췌(https://www.lghnh.com/news/press/view.jsp?seq=3460&title=%C8%AF%C0%AF%20%B1%B9%BA%F3%BC%BC%C6%AE)

〈그림 8〉 LG생활건강 '환유 국빈세트' 온라인 VR 전시회

이러한 화장품 기업들의 가상현실, 증강현실 기술 도입 시도는 향후 더욱 활발해질 것으로 예상할 수 있다. 특히, 실제 제품과의 실질적인 접촉 없이 색조 화장품 및 스킨케어 제품을 경험해 볼 수 있는 기술들은 소비자의 불편을 덜어줄 수 있는 획기적인 부분으로 더욱 많은 화장품 기업들이 관심을 가지고 이러한 서비스를 발전시켜 나갈 것이다.

| 4 | 코스메틱 산업의 미래 전망

코스메틱 산업은 향후 몇 년간 격동기를 겪을 것이지만, 지속적인 성장은 계속 유지할 것으로 예측하고 있다. 특히, 북미 시장의 영향력이 커지고 Z세대가 이끄는 트렌드가 주된 성장동력으로 작용할 것이라는 분석이 많이 나오고 있다. 또한 웰빙 카테고리가 뷰티 산업과 융합되면서 새로운 시장이 창출되고, 신규 업체들의 진입 기회가 더욱 증가할 것으로 예측되고 있다.

미국의 경영 컨설팅 회사인 맥킨지(Mckinsey & Company)는 최근 '2023 뷰티 시장 현황 보고서(The beauty market in 2023: A special State of Fashion report)'를 통해 글로벌 뷰티 시장은 향후 몇 년 동안 커다란 지각변동이 일어날 것으로 전망했다(KOTRA, 2023). 맥킨지에 따르면 지난해 글로벌 뷰티 시장은 4,300억 달러(571조 400억 원)의 수익을 창출하고 현재까지 모든 카테고리에서 수익이 상승세를 타고 있다. 뷰티 시장이 팬데믹과 경제 위기, 거시경제 환경의 변동성에 대한 회복 탄력성이 있음을 입증하는 결과다. 글로벌 뷰티 시장은 2027년까지 연평균 6%대의 성장률을 보이면서 약 5,800억 달러(770조 2,400억 원) 규모가 될 것으로 예측되었다.

맥킨지 보고서에서는 뷰티 소비자들은 현재의 상태에서 머물러 있기를 좋아하지 않아, 끊임없이 새로운 트렌드를 창출한다고 언급하였다. 맥킨지가 2023년 중국 · 프랑스 · 독일 · 이탈리아 · 영국 · 미국 전역의 소비자를 대상으로 조사한 결과 응답자의 42%가 새로운 브랜드를 시도하는 것을 즐긴다고 답했다. 소비자 특성을 감안한다면 뷰티 산업은 앞으로도 새로운 것에 도전할 공간이 남아있다. 맥킨지는 뷰티 산업에 종사하는 이들에게 "변화하는 뷰티 세계를 반영한 맞춤형 전략을 개발하고 실행하라"고 조언했다. 한국보건산업진흥원이 분석한 향후 글로벌 뷰티 시장의 주요 트렌드를 네 가지 키워드로 요약 · 정리해 보면 아래와 같다.

〈표 4〉 코스메틱 산업 핵심 트렌드 4

핵심트렌드	내용	적용기술 예
지속가능성 트렌드	· ESG경영과 함께하는 개념으로 제품 원료부터 유통까지 환경, 사회, 투명성을 반영	친환경 파키징
클린뷰티 트렌드	· 인체에 무해한 원료부터 환경과 동물복지를 고려한 뷰티 문화 확산	동물실험 대체 시험
개인 맞춤형 트렌드	· 개인의 피부 및 취향에 맞춘 화장품으로 진단기술 및 제조기술에 혁신성 강화	맞춤형 스킨케어 화장품
효능 및 안전성 중시 트렌드	· 코로나 이후 제품 브랜드보다 안전성과 효능을 중요시하는 트렌드	경피흡수촉진 리포좀

*출처: 한국보건산업진흥원(2022) 혁신기술 중심의 미래화장품 개발 기술융합 조사 · 분석 보고서에서 발췌함.

〈표 5〉 코스메틱 산업 혁신기술 7

핵심기술	내용	적용기술 예
원료 및 생명공학 기술	· 바이오 기술 및 나노기술 등이 적용된 혁신 원료와 천연 원료 모사기술	줄기세포 배양 화장품
사물인터넷 기술	· 기기 간 커뮤니케이션, 리모트 센서 등을 활용한 기술로 생산 공정 및 뷰티기기에 적용	스마트 뷰티 기기
빅데이터 기술	· 수많은 데이터 정보를 처리하고 가공하는 기술로 밸류체인 전반에 걸쳐 적용	화장품 개발 플랫폼
로봇 및 자동생산 기술	· 제조 및 유통(물류)에 활발히 적용되어 스마트 팩토리 및 유통의 생산성을 높임	휴머노이드로봇 화장품 현장제조
인공지능 기술	· 데이터 학습을 통해 제품 추천 및 맞춤형 화장품 제조산업 전반에 걸쳐 적용	AI 피부관리사
3D 프린팅 기술	· 다품종 소량생산의 혁신을 일으키며 현장 즉시제조 및 맞춤형 화장품에 적용	3D 프린팅화장품
모바일 인터넷 클라우드 컴퓨팅 기술	· 클라우드 컴퓨팅과 모바일 컴퓨팅의 결합으로 사용자에게 풍부한 경험과 다양한 모바일 장치접근성을 제공하는 기술로 마케팅과 유통에 활발히 적용	클라우드 스토어

*출처: 한국보건산업진흥원(2022), 혁신기술 중심의 미래화장품 개발 기술융합 조사 · 분석 보고서에서 발췌함.

글로벌 소비 트렌드가 개인 맞춤형으로 진화하고 있으며, 보다 디지털화되고 있다는 점에서 〈표 5〉에서 도출된 7가지 핵심적인 혁신기술을 중심으로 국내 화장품 기업의 경쟁력을 보다 강화시킬 수 있도록 노력해야 함을 유추할 수 있다.

생각해 보기

1. 4차 산업혁명의 주요 특징은 무엇인지 생각해 봅시다.

2. 현재 코스메틱 산업의 주요 트렌드는 무엇인가? 경제신문이나 화장품 신문을 중심으로 조사해 봅시다.

3. 4차 산업혁명의 주요 기술이 코스메틱 산업에 적용된 사례를 더 깊이 조사해 봅시다.

4장

스마트 자동차와 코스메틱 시장의 융합

도입

4차 산업혁명의 주요 첨단기술로 인해 자동차 산업 역시 크게 변화될 것으로 예상하고 있다. 자동차 산업은 첨단 IT 기술을 빠르게 접목하여 성장하며 변화하고 있는 대표적인 산업 분야 중 하나이다.

전 세계적으로 구글 웨이모, 모빌아이, 크루즈, 모셔널, 테슬라, 바이두, 죽스, 엔비디아, 포니.ai, 메이모빌리티, 우리나라 현대자동차까지 완전자율주행자동차 상용을 위해 기술 개발에 박차를 가하고 있다.

특히, 전기자동차의 선두 업체인 '테슬라'의 일론 머스크 최고경영자(CEO)는 테슬라 기업의 미래 가치는 자율주행 기술력에 따라 결정될 것이라고 말하기도 했다. 또한 수천억의 적자를 기록하면서도 현대자동차 역시 R&D 규모를 줄이지 않고, 더욱 과감한 기술투자를 진행하고 있다.

이처럼 자동차 산업에서는 4차 산업혁명의 주요 기술인 자율주행이 가장 큰 화두로 자리를 잡았고, 조만간 이러한 완전자율주행 기술이 적용된 자동차가 상용화될 것이다. 이러한 스마트 자동차 시장은 자동차와 관련된 분야에 변화를 가져올 뿐만 아니라 다른 분야에도 큰 변화를 일으킬 것으로 예상할 수 있다.

따라서 이번 장에서는 스마트 자동차 산업, 특히 완전자율주행자동차 관련 기술과 앞에서 살펴본 코스메틱 산업에 대한 융합을 예측하고자 한다. 그리고 이러한 기술의 융합 전략을 세우는 데에 중요한 개념 및 방법을 중점적으로 다루고자 한다. 이러한 것은 궁극적으로 다양한 기술 간의 융합을 창의적으로 고안하는 데에 도움이 될 것이다.

| 1 | 4차 산업혁명이 가져온 스마트 자동차 시장

4차 산업혁명의 영향으로 자동차 산업 역시 빠르게 디지털화가 진행되고 있다. 커넥티드 카, 완전자율주행, 전동화, MaaS(Mobility as a Service) 등 새로운 모빌리티와 서비스의 등장이 그 대표적인 예라고 할 수 있다.

이 중에서도 가장 주목해야 할 부분은 바로 완전자율주행 기술이라고 할 수 있다. 자율주행 기술은 하드웨어 기술과 소프트웨어 기술이 융합되어야 비로소 완성될 수 있는 영역이다. 완성차 업체는 자율주행차를 위한 하드웨어 기술인 EPS(Electric Power Steering system), VDC(Vehicle Dynamic Control system)를 비롯해 센서를 기반으로 한 ADAS(Advanced Driver Assistance System)를 발전시켜 왔다. 하지만 현재까지도 완벽한 자율주행차는 출시되지 않고 있다. 하드웨어를 충분히 활용할 수 있게 만드는 소프트웨어가 아직 부족하기 때문이다.

2017년 CES에서 벤츠의 디터 제체(Dieter Zetsche) 회장은 '미래의 자동차는 소프트웨어로 달린다'라고 발표했다. 자율주행차는 안정적인 하드웨어를 기반으로 한 소프트웨어의 발전이 필요하며, 자율주행 관련 애플리케이션이 다수 필요함을 역설한 것이다.

자율주행 기술과 결합된 자동차 공유 서비스는 자율주행 택시와 자율주행 셔틀을 탄생시켰다. 이 서비스들은 기술적으로는 비슷하지만 어떻게 운용하는지에 따라 갈래가 나뉜다. 그 밖에도 다양한 서비스가 출시를 앞두고 있다.

가장 대표적인 서비스가 자율주행 배달 로봇이다. 자율주행 배달 로봇의 경우 기술적으로는 자율주행차와 100% 일치한다. 하지만 세부적으로 살펴보면 차량에 비해 크기가 상대적으로 작고 주행하는 길이 일반도로, 인도, 비포장도로 등으로 다양하다. 또한 사람 대신에 물건을 보관할 수 있는 공간이 필요하기도 하다.

이러한 노력에도 불구하고 아직까지 자율주행 기술이 탑재된 서비스가 정식으로 출시되지는 못한 게 현실이다. 그 이유 중 하나는 전 지역의 정밀지도가 구축되지 않았다는 점이다. 고속도로, 자동차전용도로 중심의 정밀지도는 존재하나 일반도로와 이면도로에서의 정밀지도는 아직 구축 전이다. 그리고 자율주행차 또는 자율주행 로봇이 스스로 정밀지도를 구축해서 주행할 수 있다고 해도 예기치 않은 장애물을 마주칠 수 있으며, 특히 사람이 운전하는 차량이나 오토바이는 그 주행방식을 예측하기가 어렵기 때문에 사고 발생을 원천적으로 막을 수 없다. 이 같은 상황을 보완하기 위해 지능형교통시스템(Connected-Intelligent Transportation System, C-ITS), 사물인터넷을 통해 도로 주변의 교차로, 신호등, 교통 상황 등과 정보를 주고받아 주행할 수 있으나 이 역시 아직 제한적이다.

자율주행 기술은 자동차 기술과 로봇 기술, 인공지능 기술 등 여러 기술의 발달과 그 궤를 같이한다. 미래의 자동차는 인간의 도움 없이 스스로 움직이는 완전자율주행을 꿈꾸고 있다. 그러나 이러한 완전한 자율주행을 위해서는 기술적인 문제 외에도 사고가 발생했을 때의 법적인 문제, 그리고 사고의 책임에 대한 윤리적인 문제까지 해결해야 상용화할 수 있는 복잡한 구조를 가지고 있다.

또한 4차 산업혁명에 따른 자동차 산업 발전은 우리의 실생활에 엄청난 변화를 가지고 올 것이다. 자동차 생산 영역뿐 아니라, 교통, 통신, 도로 환경, 부품업체, 자동차정비, 자동차 검사, 자동차 튜닝, 그리고 자동차 문화 등에 있어서 우리 사회에 엄청난 파급력이 확대될 것이다.

더욱이, 완전자율주행자동차의 시대에 돌입하게 되면 자동차 산업과 경제 재편이 예상되고 있다. 그 예로 자동차 보험, 고속도로 휴게소,

자동차 부품 업계, 주유소, 버스, 택시, 트럭 운전기사, 렌터카, 공유경제 자동차, 택배, 대리기사 등 임시계약경제(Gig Economy)의 부분들일 것이며, 반면에 부상하는 산업 분야 또한 발생하게 될 것이다. 그 예로는, AI 알고리즘 엔지니어, Digital Twin Business, 전기 배터리 산업, 차량 인테리어, 센서 산업, 도로 표지판 산업, 실내 도로맵 등이 있을 것이다. 이러한 변화에 발맞추어 우리는 미래에 다가올 자동차 산업과 문화 형성에 대비해야 하고, 이에 대한 전략을 미리 세워 대비해야 할 것이다.

2 스마트자동차(완전자율주행자동차)가 가져올 다른 산업계의 변화

1) 보험 산업: 사고 감소 및 보험산업 시장의 위축

자율주행 기술의 핵심 가치는 '인간이 운전하는 것보다 더 안전한 운전'이라는 것이다. 완전한 자율주행차 시대가 열리면 차량 간의 사고가 발생할 확률은 매우 큰 폭으로 감소하게 될 것이다. 그 이유는, 자율주행차가 서로 정보를 주고받으며 서로의 움직임을 감지하고, 움직이기 때문이다. 이러한 변화는 자동차 보험 업계에 큰 지각변동을 일으킬 것이다. 단기적으로 사고 자체가 줄어들어 보험사의 이익은 증가할 수 있지만, 사고 발생률의 감소가 장기화되면, 자동차 보험에 대한 수요 자체가 큰 폭으로 줄어들 수 있기 때문이다. 따라서 보험 업계는 레벨 3과 같은 자율주행 기술 도입을 앞두고 있는 현시점에서부터 후불 보험제(사고가 났을 때 운전자 책임인지, 자율주행 시스템의 책임인지를 확인한 뒤 보험료를 부과하는 방식)와 같은 새로운 변화를 시도하고, 대비해야 할 것이다.

2) 의료 산업: 사고 감소로 진료비 감소, 자동차 자체가 구급차 역할 담당

의료계도 완전자율주행자동차 상용화에 따른 사고 감소에 영향을 받을 것이다. 건강보험심사평가원의 '자동차 보험 진료비 통계자료'에 따르면 2017년 의료기관에서 교통사고 환자를 치료한 전체 비용은 약 1조 7,000억 원에 달한다. 이러한 엄청난 금액의 자동차 사고 진료비는 자동차 사고 자체가 감소하여 줄어들 것으로 예상할 수 있다. 게다가, 자율주행차는 시트나 콘솔에 장착된 접촉식 센서와 실내를 모니터링하는 비접촉식 센서로 탑승자의 혈압이나 심박수와 같이 건강 상태 체크가 실시간으로 가능하다. 따라서 이러한 기능을 활용한 움직이는 구급차의 역할까지도 감당할 수 있을 것이다.

3) 정비 산업: 기존 정비업체 매출 감소, 자가 진단, 선제적 수리 가능

자율주행차의 고장률은 현재 사람이 운전하는 자동차의 고장률에 비교하면 현저히 낮아질 것이다. 그 이유는 디지털화, 전동화의 기술로 인해 자동차를 구성하는 부품 수가 급격히 줄어들기 때문이다. 따라서, 소프트웨어의 문제 해결이나 불량 모듈 등을 교환하기 위해 서비스센터를 방문하는 일은 있겠지만, 기계적인 오류나 결함으로 기존 정비소를 찾아가는 일은 지금보다 훨씬 적어질 것이다. 또한 전동화 기술이 적용된 자동차 파워트레인은 소모품 교환도 기존 자동차에 비해 매우 적다. 더욱이, 자율주행차는 자동차의 현 상태를 클라우드 서버에 실시간으로 보고하고, 관리하기 때문에 소프트웨어나 기계적인 결함이 발생하기 전에 선제적 수리까지 가능해질 수 있다.

4) 부동산 산업: 출퇴근 편리로 외곽지역의 가치 향상

부동산 시세에 가장 많은 영향을 미치는 건 입지, 즉 접근성이다. 외곽지역이라도 교통이 편리하고, 도심으로의 진입이 용이한 곳은 항상 인기가 많다. 그러나 차 안에서 잠을 자고, 일도 하고, 화장도 할 수 있다면 이야기가 달라질 것이다. 편리한 출퇴근이 외곽지역의 가치를 높일 수 있다는 결론을 내릴 수 있다. 세계적인 부동산 컨설팅 회사인 CBRE는 '자율주행차, 부동산에 변화를 일으킨다'라는 보고서를 통해 자율주행차가 상용화된다면, 외곽지역이나 대중교통이 부족한 지역의 가치가 높아질 것이라고 밝혔다. 아울러 도심 한복판에 자리 잡고 있는 주유소나 주차장 등도 자율주행 전기차로 인해 용도가 변경될 가능성이 클 것이다.

3 | 스마트자동차(완전자율주행자동차)와 코스메틱 융합 전략

1) 스마트자동차(완전자율주행자동차)와 코스메틱 산업 융합의 필요성

운전자의 개입 없이 목적지까지 안전하게 운행하는 완전자율주행자동차 시대가 다가오고 있다. 국토교통부(2022)에 따르면 2025년에는 운전자가 필요 없는(Level 4) 버스가 최초로 상용화되어 심야 시간과 도시 외곽지역에서 운행될 것이며, 2027년에는 운전자 없는 주행이 가능한 완전자율 승용차가 상용화되어 운전 부담으로부터 자유로운 이동이 실현될 것으로 예상하고 있다. 특히, 2035년에는 완전자율주행 기술이 대중화되어 교통안전 및 교통 혼잡 해소가 실현될 것으로 예상하고 있다(박호철, 2022).

미국자동차공학회(Society of Automotive Engineers, SAE)는 자율주행수준을 6단계로 구분하고 있다. 0단계는 운전자가 주행의 전체 기능을 제어하는 단계이며, 1~3단계는 시스템이 운전자를 보조하면서 주행하는 조건부 자율주행단계이다. 그리고 4~5단계는 특정한 상황을 제외하고는 자동차가 스스로 자율주행을 하는 단계이다(류지민 외, 2021).

이러한 자율주행 단계 중 4단계 이상인 '완전자율주행' 기술은 우리 사회의 많은 영역에서 큰 변화를 몰고 올 것으로 예상된다. 먼저 자동차 산업 자체를 기존의 단순한 제조업에서 인공지능, 소프트웨어, 빅데이터를 중심으로 하는 첨단 IT 산업으로 변화시킬 것이다. 또한 완전자율주행자동차는 교통 인프라를 시작으로 도시 환경 자체를 크게 바꾸는 데도 기여할 것이다. 그리고 전자 제어시스템을 통한 운전 환경 통제로 교통사고 예방, 교통 혼잡 문제 해소 등 사회 전반적인 문제들까지도 해소시킴으로써 사회적인 효율성 및 경제적 후생 또한 증대시킬 것으로 예상할 수 있다(박호철, 2022).

완전자율주행자동차가 가져올 가장 두드러진 변화는 자동차 공간에 대한 변화라고 할 수 있다. 완전자율주행자동차는 단순한 이동수단의 개념을 뛰어넘어 다양한 활동이 가능한 생활공간으로 정의되고 있다(이현욱, 반영환, 2020). 기존 자동차 공간은 운전이 주된 목적인 공간이었다면, 완전자율주행자동차에서 운전자는 운전이라는 행동에서 자유로

워질 수 있기 때문에 자동차 안에서 여러 가지 다양한 활동을 할 수 있게 될 것이다. 따라서 미래에 완전한 자율주행 자동차가 보편화되면 탑승자는 차량 안에서 개인 업무, 게임, 운동, 쇼핑, 휴식 등의 다양한 활동을 운전에 대한 부담 없이 자유롭게 할 수 있게 될 것이다.

컨슈머 인사이트(2020)는 자율주행이 가능할 경우 차 안에서 하고 싶은 활동에 관해 조사하였고, 조사 결과 여성 소비자의 경우 화장 및 메이크업을 하겠다는 응답이 상대적으로 높게 나온 것을 규명한 바 있다. 이처럼 완전자율주행자동차 역시 화장품 산업에도 큰 변화를 일으킬 주요한 요인으로 예측할 수 있으며, 화장품과 완전자율주행자동차의 융합 전략이 매우 중요한 과제임을 유추할 수 있다. 그러나 아직 기업 및 학계는 화장품 산업에서 완전자율주행자동차가 가져올 변화에 주목하지 않고 있어 관련 연구 및 준비가 매우 미흡한 상황이다. 따라서 완전자율주행자동차로 인해 화장품 산업의 큰 변화가 예상되는 현시점에서, 완전자율주행자동차와 코스메틱 산업의 융합 전략을 살펴보는 것은 대단히 중요한 부분이라고 할 수 있다.

2) 스마트자동차(완전자율주행자동차) 공간에서의 화장품 사용의도 조사

완전자율주행자동차 공간에서 소비자의 화장품 사용의도를 분석하기 위해 저자가 직접 306명의 여성 소비자를 대상으로 설문조사를 실시하였다. 설문을 진행할 때, 완전자율주행자동차가 상용화된다는 가정을 하고, 완전자율주행자동차 공간에서 화장품을 사용할 것인지에 대한 내용을 가진 4개 문항으로 설문지를 구성하였다. 각 문항은 Likert 5점 척도로 하였으며, 빈도분석과 평균을 알아보았으며, 분석결과는 〈표 6〉과 같다.

〈표 6〉 완전자율주행자동차 공간에서의 화장품 사용의도 조사

질문	매우 그렇지 않은 편이다.	어느 정도 그렇지 않은 편이다.	그저 그렇다.	어느 정도 그런 편이다.	매우 그런 편이다.	평균
1. 나는 앞으로 완전자율주행자동차 공간에서 화장품을 사용할 의향이 있다.	5 (1.6%)	21 (6.9%)	56 (18.3%)	105 (34.3%)	119 (38.9%)	4.02
2. 나는 기회가 생길 때마다 완전자율주행자동차 공간에서 화장품을 사용할 것이다.	6 (2.0%)	25 (8.2%)	68 (22.2%)	93 (30.4%)	114 (37.3%)	3.93
3. 나는 앞으로 완전자율주행자동차 공간에서 화장품 사용 횟수를 점차 늘릴 계획이다.	9 (2.9%)	26 (8.5%)	64 (20.9%)	102 (33.3%)	105 (34.3%)	3.88
4. 나는 완전자율주행자동차 공간에서 화장품을 지속적으로 사용할 것이다.	6 (2.0%)	28 (9.2%)	65 (21.2%)	95 (31.0%)	112 (36.6%)	3.91

*저자가 직접 2023년 3월 31일~4월 13일까지 306명의 소비자를 대상으로 진행한 결과임.

화장품 사용 의도 첫 번째 문항인 '나는 앞으로 완전자율주행자동차 공간에서 화장품을 사용할 의향이 있다.'의 빈도분석 결과, '매우 그렇지 않은 편이다.'는 5명(1.6%), '어느 정도 그렇지 않은 편이다.'는 21명(6.9%), '그저 그렇다.'는 56명(18.3%), '어느 정도 그런 편이다.'는 105명(34.3%), '매우 그런 편이다.'는 119명(38.9%)으로 나타났다. 평균은 5점 만점에 4.02로 상당히 높게 나타났다. 특히 전체 응답자 중 73.2%에 해당하는 224명이 완전자율주행자동차 공간에서 화장품을 사용하겠다고 응답한 것으로 볼 때, 여성 소비자들의 완전자율주행자동차 공간에서 화장품 사용의도는 상당히 높은 것을 확인할 수 있었다.

화장품 사용의도 두 번째 문항인 '나는 기회가 생길 때마다 완전

자율주행자동차 공간에서 화장품을 사용할 것이다.'의 빈도분석 결과, '매우 그렇지 않은 편이다.'는 6명(2.0%), '어느 정도 그렇지 않은 편이다.'는 25명(8.2%), '그저 그렇다.'는 68명(22.2%), '어느 정도 그런 편이다.'는 93명(30.4%), '매우 그런 편이다.'는 114명(37.3%)으로 나타났다. 평균은 5점 만점에 3.93으로 두 번째 문항 역시 높게 나타났다.

화장품 사용의도 세 번째 문항인 '나는 앞으로 완전자율주행자동차 공간에서 화장품 사용 횟수를 점차 늘릴 계획이다.'의 빈도분석 결과, '매우 그렇지 않은 편이다.'는 9명(2.9%), '어느 정드 그렇지 않은 편이다.'는 26명(8.5%), '그저 그렇다.'는 64명(20.9%), '어느 정도 그런 편이다.'는 102명(33.3%), '매우 그런 편이다.'는 105명(34.3%)으르 나타났다. 평균은 5점 만점에 3.88로 세 번째 문항 역시 높게 나타났다.

화장품 사용의도 네 번째 문항인 '나는 완전자율주행자동차 공간에서 화장품을 지속적으로 사용할 것이다.'의 빈도분석 결과, '매우 그렇지 않은 편이다.'는 6명(2.0%), '어느 정도 그렇지 않은 편이다.'는 28명(9.2%), '그저 그렇다.'는 65명(21.2%), '어느 정도 그런 편이다.'는 95명(31.0%), '매우 그런 편이다.'는 112명(36.6%)으로 나타났다. 평균은 5점 만점에 3.91로 네 번째 문항 역시 높게 나오는 것을 확인하였다.

3) 스마트자동차(완전자율주행자동차)와 코스메틱 융합 전략 도출

(1) 빅데이터를 활용한 맞춤형 화장 정보 제공

완전자율주행자동차가 첨단 인프라와 다양한 IT 제품의 결합이라는 측면에서 여성 운전자의 화장에 대한 빅데이터를 활용하여 외출의 목적과 심리상태, 날씨에 따라 사용하고자 화장품과 향기, 컬러에 변화를 주면서 보다 빠르고 편리하게 화장을 할 수 있도록 돕는다면, 소비자가 완전자율주행자동차 안에서 화장품을 사용하고자 하는 욕구는 더욱

높아질 것이며, 이에 대한 만족도도 역시 훨씬 높아질 것이다

(2) 화장을 위한 디스플레이와 시트 구조 변경 기능 제공

운전자들이 완전자율주행자동차 안에서 음악 및 동영상을 감상하는 동안 방해받지 않으면서, 화장품을 사용할 수 있도록 디스플레이 구조를 변경하거나, 시트를 자유롭게 이동할 수 있는 기술이 적용된 완전자율주행자동차가 개발되도록 노력해야 할 것이다.

완전자율주행자동차 공간이 하나의 활동만 할 수 있는 제한적인 공간이 아니라, 동시간에 다양한 활동을 할 수 있는 멀티태스킹(Multi-Tasking) 공간임을 유념해야 할 것이다. 따라서 자동차 제조사 및 화장품 기업은 완전자율주행자동차 공간을 하나의 유형으로만 한정하지 않고, 휴식 및 수면, 개인 업무, 음악 및 동영상 감상 등 다양한 활동을 하면서 화장품을 비롯한 다양한 제품을 더욱 편리하게 사용할 수 있도록 돕는 실내 공간이 제공될 수 있도록 노력해야 할 것이다. 또한 목적지로 이동하면서 소비되는 시간적 · 경제적 비용 등을 절감할 수 있도록 효율적인 공간을 제공하고자 하는 전략에 노력을 기울여야 할 것이다.

(3) 화장에 특화된 완전자율주행자동차 구독 서비스 출시

소비자들의 화장에 대한 욕구를 충족시키기 위해서는 자신만의 화장대와 같은 전문적인 화장 공간이 제공되어야 할 것이다. 이를 위해서 자동차 제조사와 화장품 기업이 함께 협력하여, 오직 화장을 위한 특화된 완전자율주행자동차를 생산하여 구독 또는 렌트 개념으로 차량이 제공되는 서비스를 개발하는 것도 중요한 융합 전략이 될 것이다.

생각해 보기

1. 4차 산업혁명이 가져올 자동차 산업의 변화에는 어떤 것이 있는지 예측해 봅시다.

2. 스마트자동차(완전자율주행자동차)가 가져올 다양한 산업계의 변화는 무엇이 있을지 예측해 봅시다.

3. 스마트자동차(완전자율주행자동차)와 코스메틱 산업의 융합 전략을 자신이 조사한 자료를 바탕으로 도출해 봅시다.
4. 스마트자동차(완전자율주행자동차)와 다른 산업간 융합 전략을 도출해 봅시다.

3부

기술변화와 소비시장의 융합을 위한 제언

들어가기

사회변화의 요인은 기술, 비즈니스, 그리고 휴먼 밸류라고 강조하였다. 기술은 단순히 생산만을 위한 것이 아니라, 시장에 영향을 미치는 다양한 가치가 존재해야 한다. 이러한 가치를 지향하기 위해서는 생산, 소비, 공정한 거래질서 등이 존재해야 하며, 보다 미래지향적이어야 하며, 소비자 중심적, 시장가치 지향적이어야 한다. 또한 정부의 지원 정책과 투자, 글로벌 시장에서의 경쟁력, 학문적 연구 및 인재 양성 현황 등과 아울러 무엇보다 소비자의 수요 등을 들 수 있으며, 산업 간의 융합과 소비시장의 융합이 이루어져야 한다.

그 외에는 또 어떤 요인들이 시장에서 필요한지 우리는 부단히 파악하고 예측해야 할 것이다.

과연 무엇이 필요한가? 이제부터 우리가 창의성, 역발상, 그리고 많은 자료와 분석을 통해서 시장 간, 산업 간, 상품 간, 그리고 다양한 수요자 간 융합과 연합을 연구해 보자.

1장

사회적 지원과 변화

과거 산업혁명 이후 전통적인 제조 강국들은 독일, 미국, 일본 등이었다. 그 뒤를 이어 한국전쟁 이후 한국은 기적적으로 핵심 선별 산업들을 집중 투자한 결과 반도체, 선박, 원자력, 디스플레이 등에서 선도적인 국가가 되었고 현재에 이르러 이차전지 분야에까지 세계적 경쟁력을 갖춘 국가가 되었다. 이렇게 다양한 산업에서 세계를 선도하는 제조 강국이 된 배경에는 한계까지 밀어붙이며 연구하고 노력하는 국민성에 그 바탕이 있고, 적은 자원을 다양한 곳에 분산적으로 투자하지 않고 선별적으로 선택하여 투자한 것이 효과적이었다고 말할 수 있다.

이런 산업들에 있어서 그 공통분모를 찾아보면 이 산업들은 첨단기술이 필요하고 그 기술을 가지고 경쟁국들과 격차를 벌이며 앞서나가는 산업들이란 것이다. 이런 기술력을 확보하고 훌륭한 품질의 제품들을 생산하기 위해서 경쟁력 있는 인재들이 필요하고 그런 인재들이 지금까지 잘 공급되고 있었다.

그러나 이제는 그 바탕이 흔들리고 있다. 출산율 저하로 세계적으로 그 유례를 찾기 어려울 정도로 젊은 인구들이 줄고 있고, 이 감소는 주춤하는 것이 아니라 감소세가 더욱 증가하고 있다는 데 그 문제는 더욱 심각하다.

현재의 상황은 앞으로 대한민국이 제조 강국으로서 지위를 잃게 될지도 모른다. 그 좋은 예가 바로 일본이다. 현재 우리나라가 선도하고 있는 여러 산업들은 과거 일본이 세계를 이끌어가던 산업들이다. 하지만 먼저 인구의 초고령화가 진행된 일본은 이런 산업들에 대해 그 지위를 지속할 수 없었고 많은 부분에 있어서 그 지위를 잃어버렸다. 이는 다양한 문화권의 선례이며, 초고령화 사회를 앞둔 우리에게도 예외는 아닐 것으로 보인다.

하지만 이런 문제를 해결할 수 있는 방법은 무엇인가? 이러한 상황을 대처할 제안은 무엇인가? 우리 모두 창의성을 발휘하고, 역발상적으로 고려하여 보다 구체적인 제언을 발견해 보자.

대한민국의 경제가 급속성장을 멈추고 정체를 겪으면서 대한민국은 다시금 성장과 분배에 대한 열띤 논의와 대립으로 시끄럽지만, 미래성장동력산업을 통해 대한민국이 다시 성장하기 시작한다면 자연스레 이러한 논의와 대립은 점차 줄어들 것이다.

아울러 기술변화와 소비시장의 바람직한 융합을 위한 제언은 다음과 같다.

첫째, 정부의 지원 정책과 투자

둘째, 글로벌 시장에서의 경쟁력

셋째, 학문적 연구 및 인재 양성 현황

넷째, 소비자의 수요

대한민국의 미래 핵심 성장동력은 기술과 소비시장의 융합을 통해 창출된다. 예컨대 인공지능(AI) 및 빅데이터 산업은 현재 전 세계적으로 주목받고 있고, 대한민국도 이 분야에서 높은 성장 가능성을 보여주고 있다. 다음으로, 바이오헬스산업은 인구의 고령화가 진행됨에 따라 중요성이 커지고 있다. 대한민국은 의료 인프라와 기술력이 뛰어나며,

이를 토대로 선제적이고 주도적인 발전을 이룰 수 있을 것이다.

이러한 미래 성장산업에 대한 지속적인 투자와 연구개발 활동, 산업과 대학 간의 긴밀한 협력 등이 필요하며, 이를 통하 대한민국의 경제 성장을 이룰 수 있고 글로벌 경쟁력을 높일 수 있을 것이다.

이에 한국의 미래 핵심 성장동력의 근거는 다음과 같다.

첫째, 정부의 지원 정책과 투자이다. 한국 정부는 사물인터넷 산업의 성장을 촉진하기 위해 다양한 지원정책을 수립하고 있다. 또한 현재 사물인터넷 산업에 대한 연구 개발과 투자를 지원하고, 스마트시티, 스마트팩토리 등의 사물인터넷 기반 프로젝트를 추진하고 있다. 이를 통해 사물인터넷 산업에 대한 기업들의 투자와 협력을 유도하고, 성장동력을 더욱 확대하고 있다.

둘째, 글로벌 시장에서의 경쟁력이다. 한국은 사물인터넷 분야에서 기술력과 경쟁력을 갖추고 있다. 선진 기술을 보유한 기업들이 다양한 사물인터넷 기기와 솔루션을 개발하여 글로벌 시장에서 선도적인 입지를 확립하고 있다. 또한, 한국의 사물인터넷 기업들은 세계적인 기업들과의 파트너십을 구축하고, 글로벌 시장에 진출하여 성공을 거두고 있다.

셋째, 학문적 연구 및 인재 양성에 힘을 쏟는 현황이다. 한국의 대학과 연구기관은 사물인터넷 분야에서의 연구와 개발에 많은 투자와 노력을 기울이고 있다. 사물인터넷 관련 분야의 학문적 연구는 기술의 발전과 혁신을 촉진하며, 사물인터넷 인재의 양성에도 큰 역할을 한다. 한국은 우수한 인력을 양성하여 사물인터넷 산업의 성장을 지속적으로 이끌어나갈 수 있는 환경을 구축하기 위해 노력하고 있다.

이러한 근거들은 한국의 사물인터넷(IoT) 산업이 글로벌 시장에서 선제적이고 주도적인 역할을 수행할 수 있는 잠재력을 보여주고 있다. 이를 바탕으로 한국은 사물인터넷 기술의 혁신과 적용을 통해 산업의 디지털화와 혁신을 선도하여 경제적인 성장과 산업 생태계의 발전을 이룰 수 있을 것이다. 사물인터넷(IoT) 기술은 스마트 홈, 스마트시티, 스마트팩토리, 자율주행차, 스마트 농업 등 다양한 분야에서 활용될 수 있으며, 기업들은 이러한 기회를 잡아 다양한 사물인터넷 기기와 솔루션을 개발하고 글로벌 시장에서 경쟁력을 확보할 수 있다.

코로나19로 인한 글로벌 대유행은 소비자의 행동과 가치에 큰 영향을 미쳤다. PMG의 소비자 조사에 따르면, 5가지 소비 트렌드가 관찰되었다.

① 언택트(Untact): 대면 접촉에 대한 두려움으로 인해 비대면 소비가 확산되었다. 소비자들은 사람들과 접촉하지 않고도 제품이나 서비스를 구매하는 언택트 소비에 관심을 갖게 되었다.

② 홈코노미(Home+Economy): 집에서 보내는 시간이 늘어남에 따라 '집콕족'이 증가하였다. 집에서 여가 생활을 즐길 수 있는 제품과 서비스에 대한 수요가 늘어났다.

③ 본원적 가치 중심(Esential Value): 코로나19로 인해 인간에게 본질적으로 중요한 가치에 대한 인식이 높아졌다. 건강, 안전, 생명, 환경, 행복, 가족 등의 본원적 가치를 중요시하는 소비 트렌드가 강조되었다.

④ 불안 케어(Anxiety Care): 감염의 불안, 경기 침체의 두려움, 장기화에 대한 우울감을 경감하기 위해 불안 케어 소비가 확대되었다. 소비자들은 안심하고 위생을 유지할 수 있는 제품을 구매하거나, 불안과 우울감을 해소할 수 있는 작은 행복을 제공하는 상품을 선호하게 되었다.

⑤ 에고이즘(Egoism): 타인과의 대면 시간을 피하며, 집에 머무는 시간이 늘어나면서 자기중심적인 소비트렌드가 강조되었다. 소비자들은 자신에게 맞는 상품을 세심히 선택하고, 자신의 행복과 만족을 위해

소비하는 경향이 보인다.

이러한 소비자의 행동 변화는 안전과 편의성을 중시하는 블록체인 산업과, 언택트 소비와 디지털 경험을 제공하는 VR/AR 산업이 대한민국의 미래 핵심 성장동력이 될 수 있다는 관련성을 가지고 있다. 이러한 관련성을 기술과 소비시장의 융합의 관점에서 자세히 살펴보면 다음과 같다.

첫째, 신뢰 및 투명성이다. 코로나19 대유행은 소비자들에게 신뢰와 투명성의 중요성을 강조했다. 소비자들은 믿을 수 있는 정보와 거래를 찾는 경향이 있다. 블록체인 기술은 분산적이고 투명한 특성으로 유명하며 공급망 관리, 헬스케어, 금융 등 다양한 분야에서 신뢰를 높일 수 있는 잠재력을 가지고 있다. 블록체인은 불변의 기록과 추적 가능성을 제공하여 제품, 서비스 및 거래의 진정성과 투명성을 보장할 수 있다.

둘째, 향상된 디지털 경험이다. 대유행은 디지털 경험과 온라인 상호작용으로의 전환을 가속화했다. 소비자들은 안전과 편의성을 우선으로 생각하며, 가상현실(VR) 및 증강현실(AR) 산업은 몰입적이고 상호작용적인 디지털 경험을 제공하는 데 중요한 역할을 할 수 있다. VR/AR 기술은 가상 쇼핑, 가상 이벤트, 원격 협업 및 향상된 엔터테인먼트 경험을 제공할 수 있으며, 소비자의 요구를 충족시키고 물리적 거리로 인한 격차를 해소할 수 있는 매력적이고 현실적인 디지털 환경을 제공한다.

셋째, 개인화된 안전한 데이터이다. 디지털 플랫폼과 서비스에 대한 의존도가 높아짐에 따라 소비자들은 개인 데이터의 가치와 보안에 대해 점점 더 중요시하고 있다. 블록체인 기술은 분산된 신원 및 개인정보 솔루션을 통해 소비자가 데이터를 제어할 수 있도록 하여 소비자에게 권한을 부여할 수 있다. 블록체인의 암호화 알고리즘과 스마트 계약을 활용하면 개인이 기업과 데이터를 선택적으로 공유하고 개인정보에 대한 보안과 소유권을 강화할 수 있다. 이는 데이터 개인정보 보호 및 보안에 대한 소비자의 가치와 부합한다.

넷째, 혁신 및 경제성장이다. 블록체인과 VR/AR 산업은 혁신과 경제성장을 주도할 잠재력을 가지고 있다. 이러한 새로운 기술은 스타트업, 기업가 및 기존 기업이 새로운 애플리케이션, 제품 및 서비스를 개발할 수 있는 기회를 제공한다. 다시 말해서, 블록체인과 VR/AR 산업은 소비자 시장의 변화를 주도하고, 새로운 비즈니스 모델을 창출할 것이다.

소비시장에서 중요한 요소는 테크놀로지(technology)의 변화, 비즈니스(businerss)의 변화, 그리고 소비자의 휴먼 밸류(human value)라고 소개하고 있다. 이는 아무리 좋은 기술의 응용과 비즈니스가 있어도 소비자의 욕구가 없다면 소비시장은 도태될 수밖에 없다고 본 것이다.

따라서 기술변화와 소비시장의 융합을 다양한 시각에서 다루어야 하며, 기술과 소비시장의 융합을 근거로 하여, 창의적인 결과물을 창출할 수 있는 응용력이 필요하다고 보았다. 특히 현재 우리나라의 경우 경제, 사회 체질 개선이 지연되며, 성장 잠재력이 저하되고 인구 구조의 변화로 인하여 노동투입 감소도 성장세를 제약하고 있다고 본다. 이러한 해석에는 과도한 규제, 공공부문 비중의 급증, 재정 의존 확대 및 대내외 불확실성 증가 등에 따른 민간 활력 저하, 도약의 모멘텀 약화 등이 존재한다고 본다. 특히 우리나라 상품시장 규제 강도는 38개국 중 6번째로 강하다고 평가한다(2021년 기준, OECD). 이에 여러 기술변화와 소비시장을 분석한 새로운 시각이 필요하다.

예를 들면, 다음과 같다.

① 기술 동향과 혁신: 스마트 그리드는 빠르게 진화하고 있는 기술 분야로, 정성적인 방법을 통해 기술 동향과 혁신을 파악할 수 있다.

이를 통해 스마트 그리드의 새로운 개념, 기술, 기반 시설 등을 이해하고 핵심 키워드로 도출할 수 있다.

② 사용자 관점과 참여: 스마트 그리드는 에너지 사용자와의 상호작용이 중요한 요소이다. 정성적인 방법을 통해 사용자의 의견, 요구사항, 참여 수준 등을 조사하고 분석함으로써 스마트 그리드의 핵심 키워드를 파악할 수 있다. 예를 들어, 에너지 절약, 에너지 자체 생산, 그리드 안정성 등 사용자 관점에서 중요한 주제가 핵심 키워드로 도출될 수 있다.

③ 사회적 영향과 정책적 측면: 스마트 그리드는 사회 및 정책적인 영향도 큰 영역이다. 스마트 그리드 도입에 따른 사회적 이점, 에너지 정책과 관련된 사회적 요구, 규제 및 보안 문제 등을 정성적인 방법을 통해 조사하고 분석함으로써 스마트 그리드의 핵심 키워드를 도출할 수 있다.

④ 창조 경제적 측면: VR 기술은 창조 경제를 촉진하는 핵심 요소로 작용한다. 가상현실과 증강현실을 통해 새로운 콘텐츠, 서비스 및 경험을 창조할 수 있으며, 이는 새로운 비즈니스 모델과 수익 창출의 기회를 제공한다. VR을 활용한 콘텐츠 제작, VR 기반의 창의적인 상호작용과 협업 플랫폼 등은 창조 경제 생태계의 중요한 부분을 차지하고 있다.

⑤ 경험의 확대: VR 기술은 사용자의 경험을 혁신적으로 확장시킨다. 가상현실과 증강현실을 통해 사용자는 현실 세계에서는 불가능한 체험을 할 수 있다. 예를 들어, 가상 여행, 가상 콘서트, 가상 교육 등을 통해 사용자는 실제로 경험하지 못한 장소와 상황을 체험하며 새로운 감정과 성장을 경험할 수 있다. VR은 경험의 영역을 새롭게 확장시켜 사람들에게 다양하고 풍부한 경험을 제공한다.

⑥ 활용성: VR 기술은 다양한 산업과 분야에서의 활용성이 크게

주목받고 있다. 게임, 엔터테인먼트, 교육, 의료, 부동산 등 다양한 산업에서 VR 기술을 활용하여 새로운 서비스와 경험을 제공하고 있다. 또한, 기업에서는 VR을 활용하여 제품 개발의 시뮬레이션, 훈련 및 교육, 마케팅 등 다양한 영역에서의 효율성 향상과 혁신을 이루고 있다. VR은 활용성이 높고 적용 범위가 넓어 다양한 분야에서 성장과 발전을 이끌어내는 동력이 될 수 있다.

2장

기술변화와 소비시장 융합의 예

통계청은 '통계로 보는 1인 가구' 2023년 12월 12일에 발표했는데, 그 주요한 내용은 다음과 같다.

2022년 1인 가구의 연간 소득은 3천10만 운이었다. 전체 가구 평균(6천762만 원)의 44.5% 수준으로 가구 평균 절반에도 미치지 못하는 것이다. 다만 1인 가구의 연 소득은 전년(2천710만 원)보다 11.1% 늘면서 2021년보다 평균과의 격차가 줄었다. 2021년 1인 가구의 연소득은 전체 가구(6천470만 원)의 41.9% 수준이었다.

소득 구간별로 보면 1인 가구 중 연소득 3천만 원 미만인 가구가 61.3%를 차지했으며, 전체 가구에서 차지하는 비중(26.8%)의 2배 이상으로, 1인 가구 가운데 1억 원 이상을 버는 가구는 2.0%에 그쳤다.

2022년 1인 가구의 월평균 소비지출은 155만 1천 원으로 전체 가구 평균(264만 원)의 58.8% 수준이었으며, 월평 보건 지출이 12만 9천 원으로 전체 가구 평균(23만 천 원)의 55.7% 수준이였다. 그리고 2023년 1인 가구의 자산은 작년보다 0.8% 감소한 2억 949만 원이었으며, 전체 가구 평균(5억 2천727만 원)의 39.7% 수준이다. 그리고 부채도 1.9% 늘어난 3천651만 원으로 전체 가구 평균(9천186만 원)의 39.7% 수준이었으며,

1인 가구의 자산과 부채 모두 가구 평균 절반에 미치지 못한 셈이다.

2022년 기준 국민기초생활보장 수급을 받는 1인 가구는 123만 5천 가구로 전년보다 6.4% 늘었으며, 전체 수급 가구 가운데 72.6%가 1인 가구로 비중은 역대 가장 높은 수준이었다. 그리고 지난해 생계급여는 기준 중위소득의 30% 이하인 경우 받을 수 있었고, 1인 가구 기준으로는 58만 3천 원 이하이다.

2023년 1인 가구의 55.7%는 본인 및 배우자 부담으로 노후 생활비를 마련하는 것으로 조사되었다. 본인 및 배우자 부담으로 노후 생활비를 마련하는 비중은 2013년 이후 증가하는 추세이다.

2023년 기준 1인 가구의 주거면적은 40㎡(12.1평) 이하인 경우가 54.6%를 차지해 가장 많았으며, 그 비중은 2022년(50.5%)보다 늘었고, 전체 가구에서 40㎡ 이하에 사는 가구 비중은 21.3%였다. 그리고 1인 가구의 주거면적은 평균 44.4㎡(13.4평)였으며, 전체 가구 평균 주거면적(68.3㎡)의 65.0% 수준이었다.

2022년 1인 가구 중 주택을 소유한 비율은 30.9%였으며, 전체 가구에서 소유 비율(56.2%)보다 25.3%포인트 낮았다. 그리고 2022년 기준 1인 가구가 가장 원하는 주거 지원 프로그램은 전세자금 대출 지원(30.8%)이었다.

2022년 기준 우리나라 전체 가구(2천177만 4천 가구)의 34.5%인 750만 2천 가구가 1인 가구였는데, 이는 역대 가장 높은 수치다. 1인 가구 비중은 2019년 30.2%로 처음 30%를 넘어선 데 이어 매해 최고치를 경신하고 있다.

이러한 1인 가구의 증가, 초고령화, 저출산, 수명의 연장 등은 인구학적인 측면에서 기본적인 현상이다. 우리는 이러한 소비자의 기본적인 변화 현황과 트렌드의 변화를 고려한 산업 간, 상품 간 융합을 고려하고 고안해야 할 것이다. 또한 수요에 대한 반응, 효율성, 경제성,

확대성을 중심으로 고안해야 할 것을 제언하며, 그 예를 살펴보고자 한다.

| 1 | 빅데이터의 활용

우리나라의 성장산업을 주도적으로 성장과 발전을 대처할 수 있는 방안을 모색하기 위하여, 핵심 전략 분야의 성장을 위한 방법을 모색해야 한다.

첫 번째 방법으로는 빅데이터를 보기 좋게 시각화하는 것이다. 수많은 데이터를 의미 있는 데이터로 설득하기 위해서는 빅데이터 시각화 기술이 중요하다. 데이터를 시각화하면 데이터를 분석하면서 고민한 과정을 사람들에게 알기 쉽게 설명할 수 있다. 간단한 예로는 워드 클라우드가 있다. 인포그래픽은 데이터가 가지고 있는 정보를 그래픽화해서 보기 쉽게 이미지로 제공한다. 인포그래픽의 경우에는 분석이 끝난 후의 분석결과를 시각적으로 표현한 것이다.

두 번째 방법으로는 전문가가 의사결정을 할 수 있도록 도움을 주는 것이다. 전문가 시스템은 의학, 금융, 법률과 같은 각 분야의 전문가들이 자신의 노하우가 담긴 데이터를 지식 구조에 맞게 정리한다. 전문가의 정리된 데이터를 기반으로 인공지능을 훈련시킨다. 훈련된 인공지능은 전문가의 의사결정을 돕는 데 다시 활용되고 이런 반복 학습으로 인공지능의 전문성은 더욱 향상된다. 이것이 빅데이터가 전문가 시스템에 기여하는 방식이다.

세 번째 방법으로는 인공지능에 입력해서 결론을 도출하는 것이다. 예를 들면, 소셜미디어 서비스 SNS에서 단순히 주고받는 수많은 메시지를 머신 러닝이 학습한다. 거기에서 가족이나 친구 등과 주고 받은 메시지를 통해 치매 징후를 발견하여, 빅데이터와 인공지능을 활용한 치매를 미리 진단하고 치매 환자의 치료법 개발의 연구에 활용하게 된다. 누구나 치매환자가 될 수 있고, 치매환자를 간병해야 하는 시대가 온다. 이에 머신 러닝은 마치 달리는 증기기관차에 계속해서 석탄을 주입하듯이 데이터를 에이전트에 입력해서 분석하는 것이라고 볼 수 있다. 아울러, 근간에는 뇌 과학과 관련된 다양한 빅데이터 분석을 통해 많은 연구 활용이 되고 있다.

소비자의 소비생활과 소비자만족은 소비자의 선택에서 비롯된다. 소비자가 지닌 화폐를 어떤 상품과 서비스를 선택하느냐 하는 것은 소비자만족과 불만족의 근원이 되며, 선택 후 만족한다면 재선택과 재구매의 가능성이 높아지고, 주변에 알리는 효과가 높아지며, 불만족한다면 비선택의 가능성이 높아질 것이다. 여기에서 시장은 소비자의 선택과 수요에 주목해야 한다.

그러므로 기업은 소비자의 선택을 받기 위하여 다양한 방법으로 데이터를 수집하여 분석하고, 활용할 뿐만 아니라 미래 트렌드를 예측하고 상품과 서비스의 개선 및 신상품 개발을 위해 활발하게 움직여야 한다. 여기에 산업별, 기업별, CS 결과, VOC 결과를 통한 빅데이터를 활용한 분석이 우선적으로 매우 필요하다. 그리고 그러한 반영의 결과를 찾아보고, 활용 방안을 모색할 수 있어야 한다.

2 사회환경의 변화 인식

미래 성장동력이란, 창의와 융합을 기반으로 성장동력을 육성하여 국민소득 4만 달러를 실현하고 새로운 산업과 일자리 창출하는 것을 목표로 하여 기존의 주력산업에 창의성을 더하여 고부가가치화, 기술 및 산업 간 융합을 통한 신산업 창출, 대·중·소 기업 간 협력을 통한 동반성장 추구를 실현하고자 하는 것이다.

최근 발표된 13대 미래성장동력은 9대 전략산업(스마트자동차, 5G 이동통신, 심해저 해양플랜트, 맞춤형 건강관리, 착용형웨어러블 스마트기기, 지능형 로봇, 재난안전관리 스마트시스템, 실감형 콘텐츠, 신재생에너지)과 4대 기반산업(지능형 반도체, 빅데이터, 융복합 소재, 지능형 사물인터넷)으로 이루어져 있다.

미래 성장동력은 전략에 따라 크게 4가지로 나눌 수 있다.

첫째는 기존의 이동통신, 조선, 자동차 시장과 같은 패러다임 변화에 선제 대응하여 주도적 위치를 강화하는 타 산업과의 융합을 통한 주력산업 고도화이다.

둘째는 미래 트렌드에 따른 새로운 수요 발생 및 이에 부합하는 신기술 개발에 따라 개척되는 신시장을 선점하여 새로운 주력산업 육성하는 선도기술 확보를 통한 미래 신시장 선점이다.

셋째로는 삶의 질 제고, 안전 확보 등을 위한 맞춤형 내수산업 육성을 통해 경제 내실화, 국민 행복증진에 기여할 수 있는 국민 행복증진을 위한 복지-산업 동반육성이다.

마지막으로 전략산업의 지속적 성장 및 부가가치 제고에 필수적인 기반산업 육성을 통한 경제성장 잠재력을 강화하는 기초 인프라 육성을 통한 지속성장 기반조성이 그 전략이다.

4차 산업혁명 시대에 살고 있는 우리는 급격한 기술, 산업 그리고 사회구조가 격변하는 삶을 살아가고 있다. 실제로 코로나19를 거치며 마스크나 백신 관련 산업에서 두드러진 성장을 관찰할 수 있었고, 비대면으로 이루어지는 실시간 화상 강의의 보편화가 이루어졌다. 또 코로나19라는 특수한 상황을 벗어나 더 큰 범주에서 보자면 오늘날에는 본격적인 4차 산업혁명을 맞아 AI 산업의 발전, 이로 인한 전기자동차 산업도 급격한 성장을 나타내고 있다. 그렇다면 다변화된 산업구조를 가지며 급격히 변화하는 오늘날 우리나라는 어떤 핵심 산업을 선두주자로 하여 향후 미래를 구축하여야 할까? 소비시장을 고려하여 향후 '대한민국'의 핵심산업으로 자리 잡을 수 있는 융합적인 산업을 고려하여야 할 것이다.

그러나, 무엇보다 우리는 시장수요를 소비자에 대한 면밀한 분석이 필요하다. 예를 들면, 대한민국이 마주하고 있는 현실은 다음과 같다.

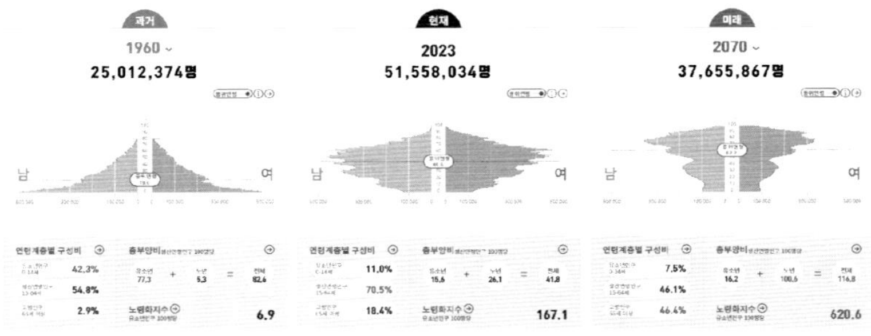

*출처: KOSIS 통계청 국가통계포탈(2023), 인구로 보는 대한민국, 2023년 인구피라미드 (https://kosis.kr/index/index.do)에서 발췌함.

〈그림 9〉 연도별 대한민국 인구 피라미드

우리나라의 향후 핵심 성장동력을 알아보는 것도 중요하지만, 시장의 기반이 인구이므로, 우리나라가 현재 맞이하고 있는 인구 관련 현황 및 문제에 대해 논의할 필요가 있다.

우리나라는 초저출생, 초고령화 사회로 급속하게 진전하고 있다. 2021년 기준 가임 여성 1명당 0.808명의 합계출산율을 보이고 있으며 (KOSIS), 〈그림 9〉의 2023년의 인구 피라미드를 보면 초고령화 사회의 진입이 머지않았음을 확인할 수 있다. 반등이 나오지 않는다면 미래 대한민국 인구의 감소는 불가피한 상황이다. 여기서 우리가 중점적으로 보아야 할 부분은 바로 우리나라는 노동력을 기반으로 한 수출 중심의 제조업 국가라는 것이다. 여기서 인구가 감소한다는 것은 내수 경제가 악화되고, 소비시장이 축소되어 결국 우리의 성장동력을 잃을 수도 있다는 것을 의미한다. 이에 우리는 미래의 저출성 고령화를 감안한 기존 산업 패러다임의 변화가 필요한 실정이다.

| 3 | 실제의 예

소비시장에서 중요한 요소는 테크놀로지(technology)의 변화, 비즈니스(business)의 변화, 그리고 소비자의 휴먼 밸류(human value)이다. 아무리 좋은 기술의 응용과 비즈니스가 있어도 소비자의 욕구가 없다면 소비시장은 도태될 수밖에 없다. 따라서 기술변화와 소비시장의 융합을 다양한 시각에서 다루어야 하며, 기술과 소비시장의 융합을 근거로 하여, 창의적인 결과물을 창출할 수 있는 응용력이 필요하다.

첫째, 대한민국의 미래 핵심 성장동력의 근거가 무엇인지 살펴보자.

둘째, 주요 현황 및 트렌드를 통한 핵심 키워드를 도출하자.

셋째, 글로벌 시장에서 주도적 성장을 하기 위한 제언을 도출하자.

1) 사례 1: 세대와 케이팝(K-POP)의 접목

(1) 에이징 테크(Aging-Tech)와 케이 팝의 핵심 키워드

앞서 각각의 산업에 대한 전반적인 현황과 핵심 성장동력이 될 수 있는 근거에 대해 살펴보았다. 이번에는 에이징 테크와 케이팝 산업 분야의 핵심 키워드를 정량 및 정성적 방법을 활용하여 도출해보자.

가. 에이징 테크(Aging-Tech) 산업의 첫 번째 키워드: 소통 활성화

첫 번째로 꼽은 키워드는 바로 '소통 활성화'이다. 통계청 자료에 의하면, 노인분들의 경로당 이용률은 전체 28.1%, 특히 도심(동부)의 경우는 20%에 불과하다. 즉, 사회적 관계망을 형성하고 고립감으로부터 벗어날 수 있게 하는 새로운 소통의 창구가 필요하다. 이에 '소통 활성화'라는 키워드를 선정하였고, 이에 정량 분석 결과 에이징 테크 산업에서는 노인들의 외로움을 덜어내고 다른 사람들과 관계를 맺을 수 있는 커뮤니티 개발이 필요하다고 생각하였다. 이미 노인들의 외로움을 덜어줄 수 있는 동반자 역할의 인공지능 모델이 도입되고 있으나, 조금 더 확장된 사업이 필요하다.

나. 에이징 테크 산업의 두 번째 키워드: 편리함

에이징 테크 산업에서 고안한 두 번째 핵심 키워드는 바로 '편리함'이다. 에이징 테크 산업은 60세 이상의 노인들을 주 고객층으로 하고 있는데, 상대적으로 전자기기에 익숙하지 않은 노인들이 주 소비자층이 되어 보편적으로 사용되기 위해서는 간편하고 편리한 제품과 서비스가 필요하다. 최근 프랜차이즈 음식점에서 흔히 발견할 수 있는 키오스크의 사용에 있어서도 노인들이 어려움을 겪는다고 한다. 실제로 디지털 역량 조사 결과 사용법이 어려워 응답자의 절반 이상이 키오스크를 전혀 사용하지 않는다고 한다. 이에 디지털 역량에 있어서 열위에 있는 노인들을 대상으로 차세대 에이징 테크의 기술을 널리 활용하기 위해서는 UI의 개선과 같이 보다 편리한 대안이 제시되어야 할 것이다.

다. 케이팝(K-POP) 산업의 세 번째 키워드: 후크송

마지막으로 케이팝 산업과 관련하여 선정한 세 번째 키워드는 바로 '후크송'이다. 해외의 가요와 차별화되는 케이팝의 특징은 바로 중독성 있는 후크송이다. 2008년 대한민국을 강타했던 원더걸스의 'Tell me', 2011년 슈퍼주니어의 "Mr. Simple', 그리고 2022년 뉴진스의 'HYPE BOY'에 이르기까지 케이팝은 후크송 멜로디를 주력으로 삼아 음악 콘텐츠를 생산해왔다. 실제로 해외에서도 최근 뉴진스나 피프티피프티 노래의 짧은 하이라이트 부분에 열광하며 좋은 반응을 보이고 있는데, 이에 '후크송'이 케이팝 산업의 핵심 키워드가 아닐까 싶다.

(2) 에이징 테크(Aging-Tech)와 케이팝(K-POP) 산업이 주도하는 대한민국의 글로벌 성장 방안

지금까지 핵심 성장을 위한 2가지 산업을 뽑고, 이에 대한 핵심 키워드까지 도출해보았다. 그렇다면 우리나라가 다변하는 글로벌 시장에서 주도적인 경쟁력을 갖고 성장할 방안은 어떤 것이 있을까?

가. 에이징 테크 산업

에이징 테크 산업에서 경쟁력 있는 성장을 이루기 위해서는 먼저 해당 산업을 주로 소비하는 고령층 소비자들의 욕구가 무엇인지 정확히 파악하고, 그에 발맞춘 사업 발전이 이루어져야 한다. 고령층 노인 소비자들은 에이징 테크를 이용함에 있어서 고독감과 고립감을 해소시켜 줄 수 있는 편의성 있는 제품을 요구할 것이다. 이어 우리는 장년층만을 위한 소통 창구역할을 해줄 수 있는 기술 개발이 필요하고, 노인 소비자들이 편리하게 기기를 이용할 수 있도록 하는 UI 시스템 개선이 이루어져야 한다. 가령 노인 커뮤니티 형성을 위한 전용 디바이스나 앱 환경망을 구축함에 있어서 에이징 테크 산업의 발전을 위해 우리는 아래 세부 사항과 같은 예시들을 적극 고려하여 기술 및 산업 개발을 촉진시켜야 한다.

첫째, 경로당 이용률이 적어 관계 형성과 취미 공유에 취약한 도심

거주 노인소비자들을 주 타깃(Target)으로 하여 소비자가 거주하는 위치에서 거리순으로 경로당을 검색, 연결해 주는 시스템을 구축한다.

둘째, 취미나 관심사를 선택하게 한 뒤 거리 순으로 공통적인 취미를 가진 사람들이 만날 수 있도록 하는 커뮤니티 형성의 매개체 역할을 한다.

다음으로, 에이징 테크 산업을 통해 삶의 질을 개선하고 노년소비자에게 새로운 기회를 창출할 수 있도록 해야 한다. 아이를 위한 '빨간펜'이라는 학습지가 있듯이, 노인에게도 치매를 비롯한 각종 질병 예방을 위해 노인 전용 평생교육 시스템과 애플리케이션을 국가 차원에서 체계적으로 구축해야 한다. 이를 통해 노인들의 삶의 질이 향상되고 배움의 기회가 확장될 수 있을 것이다.

노인소비자의 삶의 질 향상은 우리에게 불가피한 최종 과제이다. 만약 국가 플랫폼 차원에서의 에이징 테크 산업을 성공적으로 구축한다면, 고령화 속도가 가장 빠른 우리나라에서 높은 성장률을 바탕으로 한 산업 발전을 기대할 수 있을 것이다. 또한 OECD와 비교하여 사교육 과열 현상이 두드러지는 우리나라에서는 노인을 위한 질적 콘텐츠 시스템 구축에 있어서 타 국가에 비해 높은 경쟁력을 가질 수 있을 것이다. '저출생 고령화'는 결국 전 세계적인 추세이고, 이는 곧 자연스럽게 글로벌 시장에서도 독점적인 경쟁력을 지닐 수 있음을 의미한다. 독점적인 경쟁력이 뒷받침된다면 산업구조의 변화에 있어서 장기적으로 큰 수혜를 얻을 수 있을 것이다.

정리하자면 고령소비자를 타깃으로 하는 산업은 앞으로의 이용 고객층과 소비 규모가 급속도로 늘어날 수 있다. 이에 핵심 키워드로 언급된 소비자들의 니즈를 적극 반영하여 국가적인 지원을 바탕으로 산업 발전에 박차를 가해야 글로벌 경쟁에서 살아남을 수 있을 것이다.

2) 사례 2: 케이팝(K-POP)

케이팝 산업의 글로벌 주도 성장을 위해서는 역시 해당 산업의 소비자들이 요구하는 부분에 초점을 맞추어 개발의 방향성을 잡을 필요가 있다. 케이팝 산업의 핵심 키워드를 중독성이 강한 후크송이라고 할 수 있다. 또한 케이팝은 기획사에서 체계적인 루틴을 기반으로 한 고강도 트레이닝을 통해 딱딱 들어맞는 안무가 특징이다. 이러한 근거들을 바탕으로 우리는 SNS 플랫폼에서 큰 호응을 얻을 수 있는 '밈(Meme)' 특화 가요를 추구하면 어떨까? 인스타그램 릴스나 틱톡, 그리고 유튜브 쇼츠와 같은 SNS나 기타 커뮤니티에서 화제가 될 수 있는 중독성 높은 후크송과 밈을 적극 활용하는 것이다. 이는 성공적인 선례도 많이 존재한다. 높은 음악성으로 많은 음반을 판매하여 높은 수익을 올리는 것도 중요하지만, 향후에는 온라인 매체에서 창출되는 화제성과 광고 수익이 더욱 큰 성장률을 가져올 수 있지 않을까? 유튜브나 인스타그램은 국가, 언어, 인종, 물리적 거리를 불문하고 사진이나 짧은 영상으로 직관적인 소통을 가능케 하는 매개체로 언어에 능통할 필요도, 그 나라에 직접 방문할 필요도 없다. 한계 비용 또한 0으로 수렴하기에, 방향성만 옳게 제시된다면 극대화된 이윤을 창출할 수 있을 것으로 전망한다.

정리하자면, 4차 산업혁명 사회를 맞이하여 기존 K팝 가수들의 아날로그 콘텐츠를 디지털화하려는 노력이 우선되어야 한다. 대면으로 만나 콘서트를 개최하거나 실물의 음반을 판매하는 기존 아날로그 방식의 수입 구조에서 벗어나 소셜 커뮤니티와 온라인 플랫폼을 적극 활용한 수익 구조를 바탕으로 비즈니스 모델을 재구축해야 한다.

다음으로 케이팝 산업의 혁신적인 성장을 위하여 AI나 IT 기술의 도입이 필요하다. 케이팝과 같은 문화콘텐츠 산업에서도 다름 아닌 AI가 함께해야 한다는 것이다. 실제 사례로 방탄소년단 콘서트에서

‘VEV’ 기술을 활용하여 가사 그래픽 등이 결합된 온라인 콘텐츠를 생산하고 이를 관객들에게 송출했다고 한다. 이외에도 VR, AR과 같은 첨단기술을 도입하여 가수나 아이돌이 제공하는 콘텐츠를 효과적으로 재생산할 수 있다면 글로벌 시장에서 케이팝이 주도적으로 성장할 수 있을 것이다.

마지막으로 케이팝 산업의 성장을 위해 양방향적인 소통 방식을 추구해야 한다. 다른 산업의 최근 트렌드를 살펴보면, 단방향적 소통 방식이 아닌 양방향적 소통 방식을 추구하는 것을 쉽게 관찰할 수 있을 것이다. 가령 방송 업계의 경우 정해진 시간에 녹화된 방송을 송출하는 개념이 보편적이었지만, 최근에는 아프리카TV나 유튜브에서 실시간 방송을 통해 시청자들과 소통하는 경우가 대다수이다. 이는 소비자들의 의견이 실시간으로 반영되어 방송 흐름에 영향을 주고자 하는 심리에 기반한 것으로, 이러한 트렌드는 케이팝 산업에도 반영되어야 한다. 즉 아이돌과 가수가 여는 콘서트나 공연, V앱 라이브 방송, 광고 등에서 소비자인 구독자들과 서로 소통하고 상호작용을 할 수 있는 소통 공간이 마련된다면 케이팝 산업의 혁신적인 성장을 기대해볼 수 있을 것이다.

3) 사례 3: 반도체와 방위산업

글로벌 시장에서 산업을 주도적 · 선제적으로 성장하기 위해서는 몇 가지를 고려해야 한다. 먼저 이 산업의 소비시장을 정확하게 파악해야 한다.

반도체 산업의 경우 글로벌 시장과 기반이 이미 형성되어 있고 우리 기업들이 이미 상당 부분 차지하고 있고 방위산업의 경우 세계 몇 곳의 분쟁지역들에서 대규모 수요가 존재한다. 각각의 소비시장을 정확하게 분석하여 권역별 집중화를 하는 것이 중요하다. 각 권역 시장에 맞춘 제품을 보급하는 것이 시장 파이를 확보하고 선제적으로 점유함에 있어 크게 유리할 것이다.

반도체와 방위산업 모두 국가 전략산업으로 체계적으로 개발하고 있는 만큼 두 산업에 대한 연구개발 및 혁신은 산업의 성장과 경쟁력 강화를 위한 핵심적인 요소이다. 높은 수준의 기술과 노하우를 요구하기에 정부와 기업은 각각 연구개발에 대한 투자를 증가시키고 혁신적인 기술의 제품 개발을 정책적으로 지원해야 한다. 이를 위해 장기적인 연구개발 전략을 수립하고 이행해야 한다. 우수한 인재를 양성하고 인프라를 구축해야 하며 핵심 인원이 외부로 유출되지 않도록 이를 법제화하여 막고 국가 차원에서 지원을 해주어야 한다. 또한 두 산업은 정치적으로 매우 밀접한 연관이 있다. 국가의 대통령들이 만나 각 기업의 공장을 유치하고 제품 생산을 법적으로 관여하며 국가 간 동맹을 맺어 적성 국가에 경제적 타격을 입히기 위한 수단으로도 이용된다. 반도체 산업과 방위산업은 국제시장에서 경쟁해야 하므로 글로벌 시장으로의 진출을 장려하고 국제적인 협력을 강화해야 한다. 외국 기업과 협력 관계를 구축하고 기술 및 제품 수출을 촉진하는 정책적인 지원이 필요하다. 기술적 · 금융적 · 인적 자원의 제한으로 협력과 파트너십이 중요하기에 연구기관, 대학, 다른 기업과 협력하여 기술 개발을 강화해야 한다.

4) 사례 4: 의료산업과 혁신적 서비스

한국의 의료산업 전망은 매우 밝다. 다양한 기술과 혁신적인 서비스의 출현으로 인해 의료 분야에서의 한국의 경쟁력은 계속해서 강화될 것으로 예상된다. 특히 인공지능, 빅데이터, 로봇공학 등 첨단기술의 발전과 의료정보 기술의 혁신은 의료 서비스의 효율성을 대폭 향상시킬 것으로 기대된다.

또한 급증하는 요양 인구와 만성질환 환자 수 증가로 인해 의료 수요가 계속해서 늘어날 것으로 예상된다. 이에 따라 의료 인프라 및 의료 서비스의 확충이 필요하며, 이에 따른 투자 및 협력 기회도 많아질 것으로 전망된다.

의료 관광 산업은 한국의 경쟁력 있는 의료 서비스와 인프라가 지속적으로 발전함에 따라 더욱 성장할 것으로 예상된다. 해외 환자들의 수요도 계속해서 증가할 것으로 예측되며, 이는 한국의 의료 기술과 서비스의 수준을 높이는 동기가 될 것이다.

마지막으로, 스마트 헬스케어 시장은 계속해서 성장할 것으로 전망된다. 개인의 건강 모니터링에 대한 관심이 높아지고 있으며, 이에 대한 기술과 서비스의 수요도 함께 증가할 것으로 예상된다.

5) 사례 5: 디지털과 교육

우리나라의 성장산업이 근간 주기가 빠른 쇠퇴산업 등 산업구조의 변화 속에서, 글로벌 시장에서 선제적 · 주도적으로 성장과 발전을 대처할 수 있는 방안을 모색하기 위하여, 핵심전략 분야의 성장을 위한 창의적이고 구체적인 방안이 필요하다. 디지털 트랜스포메이션(transformation)은 현대 사회의 다양한 측면에서 지속가능성 개념을 촉진하는 4차 산업혁명의 주요 개념 중 하나이다.

특히, 고등교육 분야에서의 디지털 트랜스포메이션은 새로운 디지털 기술의 사용을 통해 사회, 비즈니스, 경제 등의 여러 영역에서 이전에 경험하지 못한 변화를 가져올 수 있는 잠재력을 가지고 있다.

이러한 디지털 트랜스포메이션은 고등교육 분야에서 다양한 영향과 이점을 제공한다. 예를 들어, 고등교육 분야에서 디지털 트랜스포메이션은 지속 가능한 교육과정의 개발을 촉진한다. 이는 지속가능성의 주요 원칙을 강조하는 교육과정을 구축하여 비즈니스 및 사회의 의사결정에 지속가능성 문제를 중심으로 고려하도록 한다.

또한, 디지털 트랜스포메이션은 고등교육 시스템을 학생들의 요구에 더욱 적합하게 개조하는 것을 가능하게 한다. 개별 학생의 고유한 요구 사항을 고려하는 접근 방식은 일반적인 일상적인 교육 방법과는 달리, 특정 전공 분야에서 공부하는 각 학생의 고유한 요구 사항을 고려한다. 이를 통해 고등교육은 학생들이 사회에서 최적으로 기능하고 지역사회 발전에 의미 있는 기여를 할 수 있는 필요한 기술과 지식을 갖출 수 있도록 보장한다. 그리고 고등교육 시스템의 디지털 트랜스포메이션은 고등교육 분야 내에서 혁신적인 비즈니스 모델의 발전을 촉진하고, 경쟁력을 갖춘 학교들을 유지할 수 있도록 도와준다.

이는 온라인 및 오프라인을 모두 활용하여 더 많은 학생들에게 서비스를 제공하게 되어 학교의 지속 가능성을 높이는 효과를 가져온다.

디지털 트랜스포메이션은 고등교육 분야의 미래에 대한 방향을 제시하고자 한다. 교육 4.0이라는 개념은 4차 산업혁경의 고급 기술을 고등교육 분야에서 활용하는 것을 의미하며, AI와 AR과 같은 기술의 발전을 통해 혁신적인 학습 방법이 개발될 것으로 전망된다. 이는 학생들의 이해를 향상시키는 가상 학습과 경계 없는 교육 등을 포함하여, 모든 사람이 위치에 구애받지 않고 교육에 접근할 수 있는 시스템을 구축할 수 있게 될 것이다.

이러한 이유로, 디지털 트랜스포메이션은 고등교육 분야에서 성장과 발전을 위한 주요 전략으로 간주될 수 있다. 이를 통해 교육기관은 변화하는 산업구조에 대응하고 글로벌 시장에서 선제적이고 주도적인 역할을 수행할 수 있게 된다.

결론적으로 시장은 CSR에서 CSV로 전환하였고, 또한 ESG도 확산되고 있다. 아울러 최근 재계에서 화두가 되고 있는 DEI(Diversity, Equity, Inclusion; 다양성, 형평성, 포용성) 가치경영이 있다. DEI 가치경영은 다양한 분야별 시각에서 보는 창조를 통해 다양한 창의성을 강조하며, 공정하고 포용성 있는 가치를 강조하고 있다. 이 또한 융합과 연합을 하기 위한 기초로 보인다. 그리고 근간 소비자를 둘러싼 사회환경적 변화요소를 보면, 초고령화, 새로운 가족구조의 변화, 사회적 양극화 지속, 소비시장의 글로벌화 가속, 경제의 서비스화 확대 및 신서비스 산업의 출현, 융복합 상품의 등장, 빅데이터의 활용 증가, 소비자 안전 이슈의 부각, 환경과 에너지 위기 지속, 소비자의 시장 영향력 증대, 그리고 창조, 상생, 공유의 현상을 볼 수 있다.

따라서 객관적인 자료를 통하여, 소비자 수요의 변화를 예측하고, 소비사회의 중요한 트렌드 변화를 통계 변화, 키워드 추출, 기존의 사례 등을 분석하여, 산업 간의 융합과 연합을 알아보는 다양한 경험이 필요하다. 또한 기대효과까지 살펴보는 것은 소비자의 수요를 불러일으킬 수 있는 성공의 확률을 높일 것이다.

생각해 보기

1. 소비시장의 변화를 빅데이터 분석을 활용하여 구체적으로 예측해 봅시다.

2. 소비자의 집단을 구체적으로 유형화하여 그 특성을 분석하고, 미래를 예측해 봅시다.

3. 미래 소비자 수요를 예측하고, 실제로 기술 변화와 산업 간, 기술 변화와 제품 간의 융합을 고안해 봅시다.

참고문헌

김미성 · 이상준(2017), "모바일 O2O 커머스 지속이용의도에 영향을 미치는 개인의 특성에 관한 연구," 『한국경영정보학회 학술대회논문집』, 619-630

김범석(2022), 『국내 인공지능(AI) 시장 전망, 2021~2025 연구보고서』, 한국IDC

김보영(2021), "인공지능으로 더 풍성해진 엔터테인먼트 산업," 『기술과 혁신』 vol.447, 5/6월호, 14-16

김선진(2023), "MZ 세대의 친환경 화장품 추구혜택과 구매행동 및 만족도", 성결대학교 교육대학원

김성훈(2021), 『2021 한국 엔터테인먼트 산업 주요 키워드와 트렌드』, 씨네21

김시월(2019), "고령사회 소비자정책의 방향: 소비자 소외를 중심으로", 『소비자문제연구』 50(3), 1-28

김시월(2021), "4차 산업혁명에 대한 인식과 소비자교육 책임 기대," 『소비자정책교육』 17(4), 27-46

김시월 · 노영래 · 김혜연 · 홍원기 · 조향숙(2021), "노인소비자의 유형별 삶의 질 차이 연구", 『소비자정책교육연구』 17(2), 111-132

김시월 · 조유현 · 차경욱 · 옥경영(2018), "소비자후생의 개념과 평가요소 확대 필요성에 대한 탐색적 연구," 『소비자학연구』 29(5), 201-219

김시월 · 조향숙(2017), 『빅데이터와 소비자만족』, 쿠북
김영석(2023), "자동차 정비 기술자의 이직의도에 관한 연구," 『소비자정책교육연구』 19(1), 1-20
김영석 · 김시월(2013), "소비자와 서비스제공자의 자동차정비서비스 만족도 척도 개발 및 차이 분석: 소비자의 경험과 서비스제공자의 예상을 중심으로," 『소비자학연구』 24.(1), 197-218
김영신 · 서정희 · 송인숙 · 이은희 · 제미경(2012), 『소비자와 시장환경』, 시그마프레스
김외숙 · 송인숙(2011), 『소비자와 소비생활』, 한국방송통신대학교출판문화원
김지현 · 구정화(2021), "초기 청소년들(Tweens)의 정보요구와 유튜브(You Tube)에서의 정보추구행태," 『한국도서관 · 정보학회지』 52(2), 275-301
남미우 · 박현정(2021), "MZ세대 남성 소비자들의 e스포츠를 융합한 화장품 마케팅 인식에 관한 연구," 『한국과학기술융합학회』 39(5), 95-108
문화체육관광부(2020), 『국민여가활동조사』, 문화체육관광부
미래창조과학부 미래준비위원회(2015), 『미래이슈 분석보고서』, 미래창조과학부
미래창조과학부 미래준비위원회, KISTEP, KAIST(2017), 『10년 후 대한민국 미래전략 보고서; 4차 산업혁명 시대의 생산과 소비』, 지식공감
박서니(2021), "지속가능소비와 초연결", 서울대학교 대학원 박사학위논문
박영숙 · 제롬 글랜(2017), 『세계미래보고서』, 비즈니스북스
박영숙 · 제롬 글렌 · 테드 고든(2011), 『전략적 사고를 위한 미래예측』, 교보문고
박형준(2018), 『빅데이터 전쟁』, 세종서적
새라 케슬러 저, 김고영 옮김(2019), 『직장이 없는 시대가 온다(*Gigged: The End pf the Future of Work*)』, 더퀘스트

설혜심(2020), 『소비의 역사』, 휴머니스트 출판그룹
신기철 · 김재영(2015), 『지속성장의 엔진, 신제품 마케팅』, Global
신수아 · 한상만 · 옥경영 · 홍재원(2016), "소비자의 정보탐색시기별 모바일 정보검색행동에 대한 탐색적 연구 – 소비자 성향을 중심으로 –," 『소비자학연구』 27(3), 219-239
양주상 · 김경진 · 권혁빈(2017), "자율주행 자동차에 대한 혁신 수용에 관한 연구: 국회 입법보좌관을 중심으로," 『유통경영학회지』 20(6), 45-52
왕 설 · 이윤경 · 곽영식 · 홍재원(2022), "케이팝 팬덤의 디지털 콘텐츠에 대한 라이프쉐어와 지불용의가격 간의 상관관계 연구," 『마케팅논집』 30(2), 75-85
유지민 · 권주형 · 주다현(2021), "완전자율주행자동차 실내행위 유형에 따른 탑승자의 심리적 안전성 확보를 위한 실내 공간 설계," 『감성과학』 24, 13-24
윤태영(2020), 『소비수업』, 문예출판사
이강문 · 노태우(2018), "지각된 신뢰에 기반한 기술수용모델의 확장과 자율주행에의 적용에 관한 실증연구," 『디지털융복합연구』 16(5), 115-122
이승은(2023), "소비자 고관여 제품 구매의 CX 디자인 프레임워크 개발," 고려대학교 대학원석사학위논문
이은희 · 유현정 · 이준영(2017), 『소비트렌드의 이해와 분석』, 교문사
이정민(2022), "화장품 모바일 앱의 인터페이스 디자인 요소가 사용성 평가 및 지속적 사용 의도에 미치는 영향," 『대한미용학회지』 18, 213-220
이종석 · 황현식 · 황진석(2018), 『빅데이터 비즈니스 이해와 활용』, 위즈하임
이종인(2011), 『소비자의 시선으로 시장경제를 바라보다』, 이담Books
이준구(2012), 『36.5℃ 인간의 경제학』, 알에이치코리아

이준영(2017), 『1코노미; 1인 가구가 만드는 비즈니스 트렌드』, 21세기북스
이진원 역(헨릭 베일가드 저, 2010), 『트렌드를 읽는 기술』, 비즈니스북스.
이철환(2015), 『문화와 경제의 행복한 만남』, 나무발전소
이토 고이치로 저, 전선영 옮김(2019), 『데이터 분석의 힘』, 인플루엔셜
임수진 · 동그란(2022), "케이팝(K-POP)의 글로벌 수용 현상과 발전 방향 모색," 『한국과 세계』 4(4), 153-177
쟝 보들리아르(Baudrillard, J.) 저, 이상률 옮김(1992), 『소비의 사회』, 문예출판사
제미경 · 전향란(2010), "대학생소비자의 인터넷 이용행태와 정보통신윤리," 『소비문화연구』 13(2), 45-60
제임스구스타브 스페스 저, 이경아 옮김(2008), 『미래를 위한 경제학: 자본주의를 넘어선 상상』, 모티브북
조가 · 김영길 · 김연성(2019), "지각된 화장품 브랜드 앱의 특성이 지속적 사용의도에 미치는 영향에 관한 연구: 고객만족의 매개효과와 관여도의 조절효과를 중심으로," 『품질경영학회지』 47, 237-254
조상리 · 배진현 · 정석찬(2021), "자율주행 자동차의 수용의도에 관한 연구: 소비자 지식의 조절효과를 중심으로," 『경영과 정보연구』 40(3), 119-134
조선아 · 김규옥(2020), "자율주행차의 사회적 수용성에 영향을 미치는 사회·경제적 요인," 『교통연구』 27(3), 51-64
조영태(2018), 『정해진 미래시장의 기회』, 북스톤
최시내 · 오상희(2021), "온라인 커뮤니티 에브리타임을 통한 대학생의 일상정보 이용행태에 관한 연구," 『한국도서관 · 정보학회지』 52(3), 239-266
최지혜 · 김서영 · 전미영 · 이향은 · 이준영 · 김난도(2015), 『트렌드 코리아 2016 전망』, 미래의 창

최혜리(2021), "AI(인공지능) 산업통계 개발," 『통계의 창』(2021 여름호), 통계교육원

최혜리 · 허 정 · 안미소(2021), "주요국 통계 현황 비교를 통한 국가 AI산업 통계 체계 발전 방안", *ISSIUE REPORT*, 소프트웨어정책연구소

한국경제연구원(2023), 『KERI 경제동향과 전망 2022년 ~ 2023년』, 한국경제연구원

한국과학기술기획평가원(2021), 『제6회 과학기술예측조사 연구』, 한국과학기술평가원

한국보건산업진흥원(2022), 『혁신기술 중심의 미래화장품 개발 기술융합 조사 · 분석 보고』, 한국보건산업진흥원

한국소비자원(2019), 렌터카+소비자피해예방주의보 보도자료, 한국소비자원

허경옥(2010), 『소비자학의 기초』, 교문사

허경옥 · 이은희 · 김시월 · 김경자 · 차경욱(2006) 『소비자트렌드와 시장』, 교문사

홍원기(2022), "유기농화장품에 대한 소비자 신뢰도와 구매의도 연구; SNS마케팅 특성과 라이프스타일을 중심으로", 건국대학교 대학원 박사학위논문

Deloitte(2023), 『자동차 구매의향 리포트』, Deloitte

KIET 산업연구원(2023), 『2023년 하반기 경제 · 산업전망: 13대 주력산업편: 바이오헬스 산업』, KIET 산업연구원

신문기사

공간정보(2023), "4차 산업혁명 시대, 이동의 혁명이 시작되다: 자율주행차 탄생부터 현재까지", https://webzine.lxsiri.org/wp/2019/07/sub2001/index.html

국민일보(2022. 3. 31.), "어르신께 공동체 · 관계망 만들어주자…노인 10명 중 3명 몸 아파도 도움 요청할 사람이 없다", https://n.news.naver.com/m

mnews/article/005/0001515640?sid=103

더중앙 오피니언(2023. 1. 6.), "세계 휩쓰는 K팝, 한국 산업화 성공 공식 따라왔다", https://www.joongang.co.kr/article/25133847#home

동아일보(2023. 7. 3.), "출구 안 보이는 '로톡-변협 9년 갈등'…'법무부 신속한 판단을'", https://www.donga.com/news/Opinion/article/all/20230703/120060542/1

매일경제(2020. 11. 7.), "미래산업의 한 축 '에이징 테크'…초고령화 다가올수록 빛난다", https://www.mk.co.kr/news/economy/9613121

산업연구원(2023), 미래전략산업 브리프, https://www.kiet.re.kr/trends/futbriefList

아시아경제(2023. 6. 23.), "사상 최대 실적 '진격의 K-엔터'…달리는 주가에 올라탈까", https://n.news.naver.com/mnews/article/277/0005276573?sid=101

연합뉴스(2020), 세계 인공지능 시장 급성장…2025년까지 연평균 38% 성장, 사이언스타임즈

연합뉴스(2023. 2. 22.), "합계출산율 추이 및 OECD 주요국의 2020년 합계출산율"

이코노믹포스트(2023. 9. 26.), "통계청, '2023 고령자통계' 발표, 2025년 노인인구 1,000만 명 돌파 전망, 은퇴 노인빈곤율 39.4%…OECD 상위권 고용률 36.2%…10년 전보다 6.1%p↑"

인공지능신문(2023), 정부, "AI를 일상으로" 인공지능 개발에 5년간 2,600억 투입…50조 데이터

조선경제(2022. 7. 29.), "장애인 · 노인에게 유리 장벽이 된 키오스크", https://biz.chosun.com/opinion/journalist/2022/07/29/XSQOQHJA4FFZDCOTXFU3ZW65XQ/

조선경제(2023. 5. 9.), "하이브 60% · JYP 40% · YG 30%…질주하는 'K팝' 관련주", https://www.chosun.com/economy/tech_it/2023/05/09/

DWW6AHRMQ5ECXGIA26WOLL6GV4/
조선일보(2021. 2. 24.), "매년 수십조 원 붓고도 OECD 중 출산율 꼴찌…인구 감소 시기 더 빨라지나", https://n.news.naver.com/mnews/article/366/0000674636
조선일보(2022. 6. 22.), "CD 없는 앨범 만드는 엔터社, 팬심 악용 마케팅은 여전", https://biz.chosun.com/industry/company/2023/06/22/S2S3EFULQJHGZPR6HIFOYGFSDY/?utm_source=naver&utm_medium=original&utm_campaign=biz
조선일보(2023. 1. 3.), "한국의 미래는 AI · 로봇에 있다…청년에게 기업가 정신 심어라"
조선일보(2023. 5. 9.), "하이브 60% · JYP 40% · YG 30%… 질주하는 'K팝' 관련주", https://www.chosun.com/economy/tech_it/2023/05/09/DWW6AHRMQ5ECXGIA26WOLL6GV4/
중앙선데이(2022. 6. 4.), "K푸드 2.0, 세계인 입맛 홀리다-K푸드 수출 지난해 100억 달러 돌파…K팝스타 · 먹방 · OTT 타고 인기 몰이", https://www.joongang.co.kr/article/25076557#home
ZNet 뉴스(2022. 7. 3), "네이버 지식인 · 블로그 20년 '롱런' 비결…"젊은 이용자 지속 유입", https://n.news.naver.com/mnews/article/092/0002261291?sid=105
한경(2021. 11. 21.), "AI가 함께 하는 K팝의 미래", https://www.hankyung.com/it/article/202111100368i
헬스조선(2020. 3. 24.), "4차 산업혁명과 화장품의 만남, '스마트 뷰티' 시장이 열린다", https://m.health.chosun.com/svc/news_view.html?contid=2020032404736
화장품 신문(2023. 6. 2.), "글로벌 뷰티 산업, 북미 · Z세대 · 웰빙이 이끈다 맥킨지 보고서…트렌드 6 키워드", https://www.beautynury.com/news/view/101503/cat/10

외국문헌

Babaei, M., Galadari, H., Gold, M. H., & Goldust, M.(2023), Cosmetic dermatology services in metaverse, *Journal of Cosmetic Dermatology*, 22(4), 1414-1415

Behnood, A, Haghani, M, Golafshani, E. M.(2022), Determinants of purchase likelihood for partially and fully automated vehicles: Insights from mixed logit model with heterogeneity in means and variances, *Transportation Research Part A: Policy and Practice*, 159, 119-139

Global Entertainment & Media Outlook 2022-2026, Five-year projections of consumer and advertiser spending data across 14 segments and 52 territories

Gopinath K, Narayanamurthy G.(2022), Early bird catches the worm! Meta-analysis of autonomous vehicles adoption – Moderating role of automation level, ownership, and culture, *International Journal of Information Management*, 66: Article 102516

Grădinaru, C., Obadă, D. R., Grădinaru, I. A., Dabija, D. C.(2022), Enhancing Sustainable Cosmetics Brand Purchase: A Comprehensive Approach Based on the SOR Model and the Triple Bottom Line, *Sustainability*, 14(21), 14118

Meyer-Waarden L, Cloarec J.(2022), "Baby, you can drive my car": Psychological antecedents that drive consumers' adoption of AI-powered autonomous vehicles, *Technovation*, 109: Article 102348

Palade V, Deo A.(2022), Artificial Intelligence in Cars: How Close Yet Far Are We from Fully Autonomous Vehicles?, *International Journal on Artificial Intelligence Tools*, 31(3), 2241005

기타

Human Development Report(2023), https://hdr.undp.org/

KDI연구보고서(2023. 1. 1.), 13대 주력산업전망, https://eiec.kdi.re.kr/policy/domesticView.do?ac=0000172325

KORTA(2023. 5. 2.), “일본 반도체 산업은 부활할 수 있을까”, https://dream.kotra.or.kr/kotranews/cms/news/actionKotraBoardDetail.do?SITE_NO=3&MENU_ID=80&CONTENTS_NO=2&bbsGbn=242&bbsSn=242&pNttSn=202058

KOSIS 통계청 국가통계포탈(2023), “인구로 보는 대한민국”, 2023년 인구피라미드, https://kosis.kr/index/index.do

통계청(2022. 8. 19.), ‘노인의 경로당 이용실태’, https://kosis.kr